商品学基础

主编 张云峰 孙立波

山东城市出版传媒集团·济南出版社

图书在版编目(CIP)数据

商品学基础/张云峰,孙立波主编. —济南:济南出版社,2018.8
ISBN 978-7-5488-3271-3

Ⅰ.①商… Ⅱ.①张… ②孙… Ⅲ.①商品学—高等职业教育—教材 Ⅳ.①F76

中国版本图书馆 CIP 数据核字(2018)第 137901 号

出 版 人	崔 刚
责任编辑	雷 蕾 陈文婕
封面设计	胡大伟
出版发行	济南出版社
地　　址	济南市二环南路 1 号(250002)
编辑热线	0531-67883204
发行热线	0531-86131728　86922073　86131701
印　　刷	济南龙玺印刷有限公司
版　　次	2018 年 8 月第 1 版
印　　次	2018 年 8 月第 1 次印刷
成品尺寸	185mm×260mm　16 开
印　　张	14
字　　数	240 千
印　　数	1—3000 册
定　　价	38.00 元

济南版图书,如有印装质量问题,请与出版社出版部联系调换。
电话:0531-86131736

编委会

主　编：张云峰　孙立波

副主编：王继智　王善坤　林宗良　苏婷婷

编　委：（按姓氏笔画排序）

于蕊	于蕾	马强	王建领	王继智	王善坤
王增艳	王黎明	艾文莎	卢霞	叶延	仪云倩
冯健康	司薇	庄敏	刘冬	刘伟	刘霞
刘海明	刘铭钰	齐春慧	孙亮	孙立波	孙婧祎
陈伟梅	苏艳慧	苏婷婷	李全海	李志文	李栋华
杨成宝	杨欣洁	吴海燕	吴黎霞	宋文静	张浩
张琪	张云峰	张可英	张可意	张聿曼	张劲青
张玺亮	林兆功	林宗良	赵静	赵琮琮	姚杰
徐瑾	郭晓晨	郭继宏	诸葛福生	黄效文	梁晓霞
梁绮嫦	常清照	韩琳	程爽	翟宇环	翟瑞卿

前 言

为了满足财经商贸类中高职学校市场营销专业和其他相关专业教学需要，我们组织在中高职学校教学第一线的老师联合编写了这本《商品学基础》教材。本教材突出应用性和实践性，可作为中高职市场营销、国际商务、连锁经营、物流管理、企业管理等专业的教材，供中高职教师及学生使用。

《商品学基础》以商品体为基础，以商品质量为中心，系统地阐述了：认识商品学、商品分类与编码、商品质量与质量管理、商品标准与标准化、商品检验、商品包装、商品储运与养护、食品商品特性、工业品商品特性、纺织品与服装商品特性等内容。全书共分十个项目，内容以"实务、实用、实训"为特色；理论知识的选取和阐述以"必需、够用、适用"为尺度，并注意吸收最新的研究成果和企业工作中实际需要的知识、方法，体现了理论知识与实践能力的有机结合。

为使教学更加贴近实际，方便学生理解，本教材在知识讲解过程中添加"案例导入与解析""知识链接""课堂讨论""课堂训练"等模块，便于启发学生的思维，拓宽其知识面，提高其应用所学知识分析、解决实际问题的能力。

本教材由张云峰、孙立波任主编，王继智、王善坤、林宗良、苏婷婷任副主编。参加本书编写的人员有：张云峰编写项目四、项目五，孙立波编写项目八，苏婷婷编写项目七，王继智编写项目三、项目六，王善坤编写项目一、项目二，林宗良编写项目九、项目十。最后，全书由张云峰总纂，并修改定稿。

本教材在编写过程中，得到了作者所在院校等有关单位领导、专家及部分企事业单位专家、技术人员的大力支持与指导，在此一并表示衷心的感谢！

由于编写时间仓促，加之编者水平有限，书中难免存在不妥之处，恳请各位专家、读者不吝批评指正。

编者

2018 年 5 月

目 录

项目一　认识商品学 ··· 1

　　任务一　商品与商品学概述 ·· 3
　　任务二　商品学的研究内容、研究任务与研究方法 ··· 6
　　任务三　现代商品学的发展 ·· 9
　　项目小结 ··· 11

项目二　商品分类与编码 ··· 12

　　任务一　商品分类的概念 ·· 14
　　任务二　商品目录和商品编码 ·· 21
　　任务三　商品条码 ··· 25
　　项目小结 ··· 33

项目三　商品质量与质量管理 ·· 34

　　任务一　商品质量的概念 ·· 36
　　任务二　影响商品质量的因素 ·· 40
　　任务三　商品质量的基本要求 ·· 43
　　任务四　商品质量管理 ··· 48
　　任务五　商品质量监督 ··· 56
　　任务六　产品质量认证 ··· 60
　　项目小结 ··· 68

项目四　商品标准与标准化 … 69

任务一　商品标准 … 71
任务二　商品标准的基本内容 … 82
任务三　标准化和商品标准化 … 84
项目小结 … 87

项目五　商品检验 … 88

任务一　商品检验概述 … 90
任务二　商品检验的方法 … 96
任务三　商品抽样 … 101
任务四　商品的品级 … 106
任务五　假冒伪劣商品 … 108
项目小结 … 114

项目六　商品包装 … 115

任务一　商品包装概述 … 117
任务二　商品包装材料 … 123
任务三　商品包装设计与包装技术 … 126
任务四　商品包装标志 … 133
任务五　商标 … 139
项目小结 … 145

项目七　商品储运与养护 … 146

任务一　商品储运概述 … 148
任务二　商品储运期间的质量变化 … 155
任务三　仓库温湿度管理 … 161
任务四　商品的养护 … 164
项目小结 … 172

项目八　食品类商品 · 173

　　任务一　食品及营养知识 · 175

　　任务二　酒 · 179

　　任务三　茶叶 · 183

　　任务四　乳及乳制品 · 188

　　项目小结 · 191

项目九　日用工业品商品 · 192

　　任务一　塑料制品 · 194

　　任务二　玩具和箱包 · 198

　　任务三　日化类商品 · 200

　　项目小结 · 206

项目十　纺织品类商品 · 207

　　任务一　纺织品类商品的特性 · 209

　　任务二　纺织品类商品的分类与质量鉴别 · 211

　　项目小结 · 215

参考文献 · 216

项目一　认识商品学

【项目介绍】

商品学是随着商品经济的产生与发展而诞生并发展起来的,它为发展商品经济服务,因而商品学教育势必成为商品经济发展的客观需要。随着商品的日益丰富,商品学显示了旺盛的生命力。该课程以商品质量为中心,研究商品的使用价值和使用价值实现规律,是学生了解商品、熟悉商品质量管理的重要课程。

【学习目标】

能力目标:能够分析商品学形成和经济发展的关系;能够用商品学的基本理论指导企业商品生产与商品经营管理。

知识目标:了解商品学的形成与发展;掌握商品学的三大学派及各派的主张;了解商品学研究的对象和任务;理解学习商品学的作用和意义。

社会目标:能够正确理解并将之运用到社会生产与实践中去。

【案例导入】

有一个梳厂派出4个营销员到寺庙推销梳子。第一个营销员空手而回,他解释道,寺庙的和尚说他们没有头发不需要梳子。第二个营销员向和尚宣传,用梳子梳头皮可以活血健体,他共销出去10把梳子。第三个营销员跟和尚说,梳子可以方便香客整理头发,有助于寺庙香火旺盛,他共销出去100把梳子。第四个营销员建议和尚在梳子上写上庙名和"积善梳"三个字,说可保佑对方,这样可作为礼品储备在那里,谁来了就送,保证庙里的香火更旺,于是,和尚订购了好几千把梳子,成为梳厂的一个大客户。

【案例解析】

　　这一案例中的第四个营销员抓住了一个很好的切入点，把梳子、佛教文化和人们的情感有效结合起来，创造了新的商机。即同一商品可以从不同的角度体现出多种使用价值，从而满足人们对商品需求的多样性。在商品推销过程中，应充分挖掘商品不同的使用价值，提高其市场占有率，以获取更大的经济效益。

任务一　商品与商品学概述

本任务主要阐述了商品的概念、属性、构成以及商品学的概念。

商品是人类社会生产力发展到一定历史阶段的产物。使用价值和价值是商品的两个基本属性。商品学是一门以自然科学为主，将社会科学、经济学融合起来的一门应用性学科，是研究商品价值与使用价值及变化规律的科学。

一、商品的概念和属性

(一) 商品的概念

商品是人类社会生产力发展到一定历史阶段的产物。商品是指用来交换、能满足人们某种需要的劳动产品。

图1-1　商品

商品具有以下不同于物品、产品的特点：第一，商品是具有使用价值的劳动产品；第二，商品是供他人消费的劳动产品；第三，商品是必须通过交换才能到达别人手中的劳动产品。

> **议一议**
>
> 你身边的商品还有哪些？请列举几个。

（二）商品的属性

使用价值和价值是商品的两个基本属性。商品是使用价值和价值的统一体。

商品能够满足人们某种需要的属性，是商品的使用价值。同种物品的多种使用价值总是被人们不断发现和利用。

凝结在商品中的无差别的人类劳动就是商品的价值。任何商品都有价值，但商品的价值是不能自我表现出来的，必须通过交换，由另一种商品表现出来。如：1把斧子＝15千克大米，一把斧子的价值是通过15千克大米表现出来的，15千克大米是一把斧子的交换价值。

> **议一议**
>
> 为什么说商品的使用价值是一个动态的、综合性的概念？

二、商品的构成

商品是人类有目的的劳动产品，是人和社会需要的物化体现，可以包括实物、知识、服务、利益等。实物商品的整体概念应包含三个层次的内容：

（一）核心商品

核心商品是商品所具有的满足某种用途的功能。比如，人们购买电冰箱，并不是需要一个装有压缩机、冷凝器和控制装置的大铁箱，而是要购买其制冷功能，即冷冻冷藏食品、保鲜的功能。

商品功能是商品达到用途要求所必备的能力，这种能力是由商品性质所决定的，商品对人的有用性是以商品功能为基础的，因此，核心商品是商品整体概念中最基本和最主要的部分。

（二）有形商品

有形商品是指实物商品体本身。商品体是由商品的成分、结构、外观、质量、品种、商标、包装等多种因素构成的有机整体。有形商品是商品的外在形式。

(三) 无形商品

无形商品又叫附加商品，是指人们购买有形商品时所获得的附加利益和服务。例如，提供送货上门服务、售后技术服务、免费安装调试、质量保证措施、信息咨询及某种附加利益等。

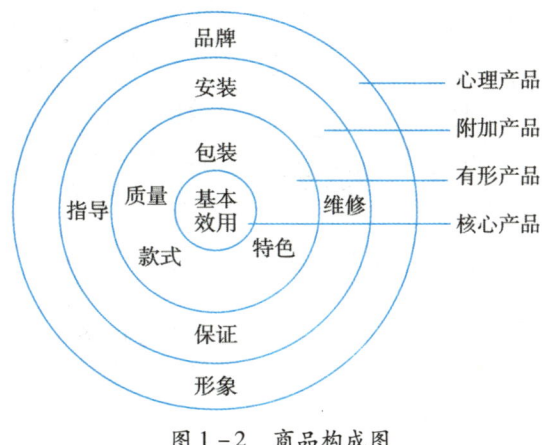

图1-2 商品构成图

> **议一议**
>
> 　　商品构成的整体包括核心部分、形式部分和延伸部分，这对企业的商品生产和经营有何启示？

三、商品学的概念

商品学是以自然科学为主，将社会科学、经济学融合起来的一门应用性学科，是研究商品价值与使用价值及变化规律的科学。商品学的研究内容是由商品学的研究对象所决定的。

任务二 商品学的研究内容、研究任务与研究方法

本任务主要阐述了商品学的研究内容、研究任务与研究方法。

商品学主要研究商品使用价值在商品流通和消费中的评价、维护、管理和实现，研究影响使用价值实现的各种因素及客观规律。由于商品的使用价值是商品的自然有用性和社会适用性的统一。因此，商品学的研究方法是按照研究的具体课题，采用不同的形式进行的。

一、研究内容

商品学是商品经济发展到一定阶段的必然产物。在国外，首次开设商品学课程的年代是18世纪。商品学的创始人是德国人约翰·贝克曼。

我国商品学的发展经历了萌芽阶段、创立和发展阶段、全面质量观阶段。19世纪，商品学由德国传入我国，使我国商品学得到迅速发展。1902年，我国商业教育中把商品学作为一门必修课。

商品学以"商品—人—环境"为系统，以商品使用价值在质和量上的表现形式——商品质量和商品品种为中心，以商品属性不断满足商品交换和消费需要以及其他社会需要为主线，具体包括：商品质量及其影响；商品的成分、结构与性质；商品分类与编码；商品标准与标准化；商品检验与检疫；商品质量管理与质量监督；商品质量认证；商品包装与标识；品牌与商标管理；商品储运与养护等。

二、研究任务

商品学的研究任务主要有以下几个方面：

（一）指导商品使用价值的形成

通过商品资源和市场的调查预测，商品的需求研究等手段，为有关部门实施商品结构调整、商品科学分类、商品的进出口管理与质量监督管理、商品的环境管理，制定商品标准及政策法规、商品发展规划提供科学依据；为企业提供商品基本质量要求，指导商品质量改进和新商品开发，提高经营管理素质，保证市场商品物美价廉，适销对路。

（二）评价商品使用价值的高低

商品质量是决定商品使用价值高低的基本因素，是决定商品竞争力强弱、销路、价格的基本条件。所以，它是商品学研究商品使用价值的中心内容。

（三）防止商品使用价值的降低

分析和研究与商品质量有关的各种因素，提出适宜的商品包装、储运，保护商品质量，努力降低商品损耗。

（四）促进商品使用价值的实现

通过大力普及商品知识和消费知识，使消费者认识和了解商品，学会科学地选购和使用商品，掌握正确的消费方式和方法，由此促进商品使用价值的实现。

（五）研究商品使用价值的再生

通过对商品废弃物与包装废弃物处置、回收和再生政策、法规、运行机制、低成本加工技术等问题的研究，推动资源节约、再生，生活废物减量以及保护环境的绿色行动。

三、研究方法

由于商品的使用价值是商品的自然有用性和社会适用性的统一，因此商品学的研究方法是按照研究的具体课题，采用不同的形式进行的。

（一）科学实验法

这是一种在实验室内或一定试验场所，运用一定的实验仪器和设备，对商品的成分、构造、性能等进行理化鉴定的方法。这种实验方法，所得的结论正确可靠，是分析商品成分、鉴定商品质量、研制新产品的常用方法。

（二）现场实验法

现场实验法是一些商品学专家或有代表性的消费者群，凭人体的直觉，对商品的质量及其商品有关的方面做出评价的研究方法。这种方法的正确程度受参加者的技术水平和人为因素的影响，但运用起来简便易行，适于很多商品的质量评定（如茶叶、酒类的质量评定以及某些新产品的试用、试穿等）。

（三）技术指标法

技术指标法是一种在分析实验基础上，对一系列同类产品，根据国内或国际生产力发展水平，确定质量技术指标，以供生产者和消费者共同鉴定商品质量的方法。

（四）社会调查法

社会调查法主要有：现场调查法、调查表法、直接面谈法、定点统计调查法。

（五）对比分析法

对比分析法是将不同时期、不同地区、不同国家的商品资料收集积累，加以比较，从而找出提高商品质量、增加花色品种、扩展商品功能的新途径。运用对比分析法，有利于经营部门正确识别商品，并能促进生产部门改进产品质量，实现商品的升级换代，更好地满足广大消费者的需要。

任务三 现代商品学的发展

本任务主要阐述了国外商品学和中国商品学的发展过程。

资本主义经济的产生和发展,需要系统地研究商品,促进了商品学的诞生。商品学最早产生在德国。在中国古代,随着商品生产的发展,商品交换不断扩大,出现了商人和都会市场,商品学也随之出现萌芽。

一、国外商品学发展历程

商品学最早产生在德国,18 世纪初,德国的工业发展迅速,18 世纪后期,开始了商品学的研究工作。德国哥丁堡大学著名的学者约翰·贝克曼教授在教学和科研的基础上,于 1793 年至 1800 年编著出版了《商品学导论》,建立了商品学的学科体系,也被称为贝克曼商品学。

商品学自 19 世纪以来相继传入了意大利、奥地利、俄国、日本、中国以及其他西欧和东欧等国家。国际商品学会总部设在奥地利的维也纳。现在欧洲的多数国家有商品学的教学和研究,亚洲的中国、日本和韩国等国家以及美洲的加拿大均有商品学的研究和教学的开展。

二、中国商品学发展历程

春秋时期的《禽经》、唐朝的《茶经》、宋朝的《荔枝谱》以及明朝的《本草纲目》和清朝的《商贾便览》等,都记载了与商品经营有关的知识。其中,陆羽所著的

《茶经》一书，从学术角度来看，可以说是商品学的萌芽。

从 20 世纪初开始，随着商业教育的发展，《新译商品学》《商品学教本》《商品学》和《现代商品学》等多部著作相继出版。与此同时，在暨南大学、津沽大学、沪江大学等院校，都开设了商品学课程。

中华人民共和国成立后，随着国民经济建设的发展，商品学学科也得到了蓬勃发展。高等财经院校的企业管理、市场营销、对外贸易和贸易经济等专业均开设了商品学课程。部分院校设有商品学系或商品学专业。1995 年中国商品学会成立，标志着我国商品学已经进入了一个崭新的发展时期。

图 1-3　中国商品学会徽标

项目小结

本项目主要介绍了商品、商品学的概念,商品学的研究内容、研究任务与研究方法,商品学的发展历程。

选择不同卖家所销售的不同品种、不同产地的苹果,体验其给你带来的基本效用是否一样?

项目二　商品分类与编码

【项目介绍】

根据商品的属性或特征，将商品集合总体按照一定的标志（特征）科学、系统地逐步划分为大类、品目、品种、细目等即为商品分类。商品分类要依据一定的原则和方法，同时为便于人或计算机识别与处理而产生了商品代码和商品编码。

【学习目标】

能力目标：能够运用线分类法和面分类法对商品进行分类并找出分类编号；能够运用商品编码的原则在全国工农业产品（商品、物资）分类与代码中找到商品编码。

知识目标：了解商品分类的概念和标志；掌握商品分类法和商品分类体系；熟悉商品编码和商品编码的原则。

社会目标：能够运用所学知识进行常见商品的经营分类；能够正确使用分类标志。

【案例导入】

华联超市商品分类

第一大类冷冻食品类；第二大类饮料食品类；第三大类糖果糕点类；第四大类炒货蜜饯类；第五大类调味品类；第六大类烟酒茶类；第七大类软包装食品；第八大类酱菜罐头类；第九大类南北货腌腊制品；第十大类洗涤化妆品。

【案例解析】
零售企业商品的合理分类，能提高企业管理效率，方便顾客购买选择。

任务一　商品分类的概念

本任务主要阐述了商品分类的概念和作用，商品分类的原则，商品分类的方法及商品分类标志。

所有的事物、现象及概念都是概括一定范围的集合总体。商品分类是根据一定的目的，选择恰当的标志，将任何一个商品集合总体逐级进行划分的过程。商品分类的原则是建立科学商品分类体系的重要依据。商品的用途、原材料、生产加工方法、化学成分等这些商品本质的属性和特征，是最常采用的分类标志。

一、商品分类的概念和作用

（一）商品分类的概念及层次

1. 商品分类的概念

分类就是将某集合总体根据一定的标志和特征，按照归纳共同性、区别差异性的原则，科学地、系统地逐次归纳成若干范围更小、特征更趋一致的局部集合体，直至划分成最小的单位集合体的过程。

商品分类是指根据一定的管理目的，为满足商品生产、流通、消费活动的全部或部分需要，选择适当的商品属性或特征作为分类标志，将一定范围内的商品集合科学地、系统地逐次划分为大类、中类、小类、细类，乃至品种、细目的过程。

2. 商品分类的层次

在不同的时期，商品的范围、分类对象并不完全相同，因此，商品分类的层次也不一样。我国通常将商品划分成门类、大类、中类、小类、细类或品类、细目等。

门类：按国民经济行业共性对商品总的分门别类，属最高类别。

商品大类、中类、小类：一般根据商品生产和流通经济活动类型的逐步细化来划分，如产业（行业）的细化。

商品细类或品类：具有若干共同性质或特征的商品品种的总称，它包括若干商品品种。

商品品种：按商品的性能、成分等方面的特征来划分，是指具体商品的名称。

商品细目：对商品品种的详尽描述，包括商品的规格、花式、质量等级等，它更能具体反映商品的特征。

表2-1 商品分类层次

商品类目名称	应用实例		
商品大类	服装及其他缝制品	饮料	食品
商品中类	机制面料服装	酒类	乳和乳制品
商品小类	普通男服装	啤酒	牛奶
商品细类	男西服	黑啤酒	全脂牛奶
商品品种	纯毛男西服	瓶装黑啤酒	盒装全脂牛奶

（二）商品分类的作用

商品分类的作用如下：

第一，商品分类为国民经济各部门和各企业实施各项管理活动以及实现经济管理现代化奠定了科学基础。

第二，商品分类有利于标准化实施，是制定商品标准的依据。

第三，商品分类是编制商品目录的基础。只有将商品科学分类，才能使编制的商品目录有条理，层次分明，眉目清晰。

第四，商品分类便于消费者和用户选购商品。

第五，商品分类有利于开展商品研究工作。

二、商品分类的原则

商品分类的原则是建立科学商品分类体系的重要依据。

（一）科学性原则

科学性原则是商品分类的基本前提，它是指：分类目的和要求必须明确；分类对象的范围应准确界定；分类对象的名称是唯一的；选择分类对象最稳定的本质属性或特征作为分类的依据。

(二) 系统性原则

系统性原则是商品分类的关键，它是指：以分类对象的稳定本质属性或特征为基础，将选定的分类对象按照一定的顺序排列，每个分类对象在这个序列中都占有一个位置，并反映出它们彼此之间既有联系又有区别的关系。

(三) 可延性原则

可延性原则又称可扩展性原则、后备性原则，即进行商品分类要事先设置足够的收容类目，留有足够的空位，以保证新产品出现时不至于打乱已建立的原有的分类体系和结构，同时为低层级的分类子系统在此分类体系基础上进行延拓和细化创造条件。

(四) 兼容性原则

兼容性原则是指相关的各个分类体系之间应具有良好的对应与转换关系。建立新的分类体系时，要尽可能与原有的分类体系保持一定的连续性，使相关的分类体系之间相互衔接和协调，同时考虑与国际通用的分类体系对应和协调，以利于推广应用，便于信息的查询、对比和交流。

(五) 综合实用性原则

综合实用性原则是检验商品分类的实践标准。商品分类首先应满足国家总政策、总规划的要求，同时应充分满足生产、流通及消费的需要。

(六) 唯一性原则

唯一性原则是指保证商品所属类别的专一性、分类标志的统一性。商品分类后的每一种品种，只能出现在一个类别里，或每个下级单位只能出现在一个上级单位里。

> **议一议**
>
> 某超市开在一个高校学生及毕业不久新工作者聚集的一个地区，以卖生鲜为特色，每天下午6点搞面包特价促销，但是生意一直非常冷清。请问这家超市的生鲜经营存在什么问题？

三、商品分类的方法

随着科学技术的发展，商品在不断地升级换代，新品种不断地涌现，因此，不同的国家，不同的历史阶段，商品所概括的范围有所不同，分类的目的也不同，分类的方法也是各种各样的。

(一) 线分类法

1. 线分类法的含义

线分类法，又称层级分类法，是将分类对象按照选定的若干分类标志，逐次地分成若干层级，每个层级又分为若干类目，排列成一个有层次的、逐级展开的分类体系。一般为4层，大类、中类、小类、细类（品种）。

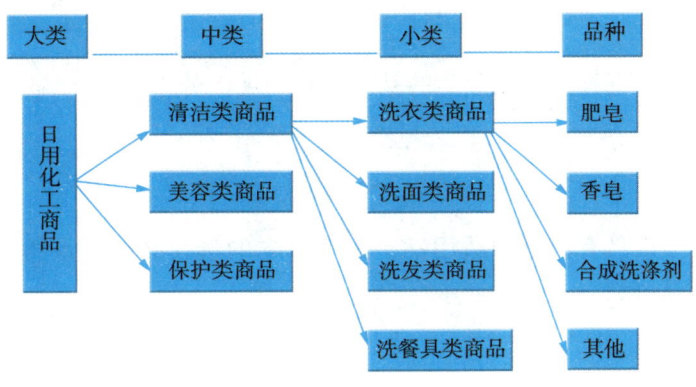

图2-1　线分类法

2. 线分类法的特征

同层是并列关系，上下层是归属关系。线分类法是商品分类中常用的分类方法。由于构架原因，补充新目录困难，结构柔性差，所以采用线分类法编制商品分类目录时，必须预先留有足够的后备容量。

优点：信息容量大、层次性好，逻辑性强，符合传统应用的习惯，既对手工处理有好的适应性，又便于计算机处理。

缺点：结构弹性差，分类结构一经确定，不易改动。

（二）面分类法（平等分类法）

1. 面分类法的含义

面分类法，又称平行分类法，指把分类对象按选定的若干分类标志划分成彼此没有隶属关系的若干组独立的类目，每组类目构成一个"面"，再按一定的顺序将各个"面"平行排列。

用面分类法进行分类时，应根据需要将有关"面"中相应的类目，按"面"指定排列顺序组配在一起，形成一个新的复合类目。

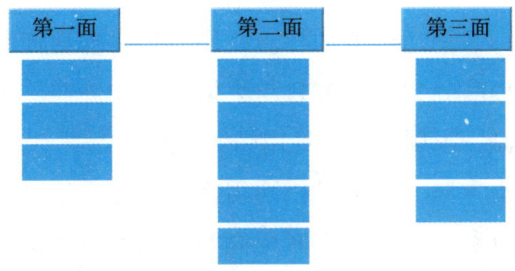

图2-2　面分类法结构

2. 面分类法的特征

优点：结构弹性好，适应性强，适用于计算机管理。

缺点：不能充分利用容量，组配结构太复杂，不便于手工处理。

四、商品分类标志

商品分类标志的选择是商品分类的基础，是一项十分重要而细致的工作。

（一）选择商品分类标志的基本原则

1. 目的性原则

不同的分类标志具有不同的适用性，分类标志的选择必须满足组织机构进行商品分类的管理目的和需要。

2. 明确性原则

分类标志本身含义要明确，从本质上反映每类商品的属性特征。

3. 稳定性原则

选择商品的本质的、稳定的属性作为分类标志，以明显区分对象，保证分类清楚和分类体系相对稳定。

4. 唯一性原则

在同一层级范围内，只能采用一种分类标志，不能同时采用两种或多种分类标志，以确保每种商品只能出现在一个类别里，不能在分类体系中重复出现。

5. 逻辑性原则

分类体系中，上一层级的分类标志与其下一层级分类标志之间存在着有机联系。每下一层级的分类标志是上一层级分类标志的合乎逻辑的继续和具体化。

6. 包容性原则

分类标志的选择要能够包括分类的全部商品，并有不断补充新商品的余地。

（二）常用的商品分类标志

商品的用途、原材料、生产加工方法、化学成分等这些商品最本质的属性和特征，是最常采用的分类标志。

1. 以商品的用途作为分类标志

商品的用途是体现商品使用价值的标志，同时还是探讨商品质量的重要依据，根据商品的基本用途，将商品分为生产资料与生活资料两大类。生活资料商品又按不同用途分为食品、衣着用品、家用电器、日用品等类别。

以用途为标志的分类方法，便于对相同用途的商品质量进行分析比较；有利于消费者按用途选购商品；有利于商品生产者提高商品质量，开发商品新品种；有利于商业部门搞好商品的经营管理。对于多用途的商品则不宜采用这种分类标志。

2. 以商品的原材料作为分类标志

商品的原材料是决定商品质量和引起商品质量变化的重要因素。由于原材料的不同，反映在商品的化学成分、性能、加工、包装、储运、使用条件要求等方面也有所不同。选择以原材料为标志的分类方法是商品的重要分类方法之一。例如，纺织品以原材料为标志分为天然纤维织品和化学纤维织品。天然纤维织品可分为棉织品、麻织品、丝织品、毛织品等；化学纤维织品可分为粘纤织品、涤纶织品、腈纶织品等。又如，皮鞋以原料为标志分为牛皮鞋、猪皮鞋、羊皮鞋等。

以原材料为分类标志，商品分类清楚，而且能从本质上反映出各类商品的性能特征，以及不同类别的商品在使用、保管、包装和养护方面的不同要求。但对于由多种原材料构成的商品，不宜采用这种标志进行分类，如电冰箱、电视机、钟表等。

3. 以商品的生产加工方法作为分类标志

很多商品，即使采用相同的原材料制造，由于生产方法和加工工艺不同，所形成的商品的质量水平、性能、特征等存在明显差异。因此，对相同原材料可选用多种加工方法生产的商品，适宜以生产加工方法作为分类标志。如酒类按酿造方法可分为蒸馏酒、发酵原酒、配制酒；茶叶按加工方法分为发酵茶、半发酵茶、不发酵茶等；纺织品按生产工艺不同，分为机织品、针织品和无纺布。

采用生产方法进行分类，能直接说明商品质量和商品品种的特征，特别适用于那些可以选用多种生产加工方法制造的商品。但对于那些虽然生产方法不同，而产品质量、特征并未产生实质性区别的商品，则不宜使用此种分类方法。

4. 以商品的主要成分或特殊成分作为分类标志

商品的化学成分是形成商品质量和性能、影响商品质量变化的最基本的因素。在很多情况下，商品的主要化学成分可以决定其性能、用途、质量或储运条件，对这类商品进行分类时应以主要化学成分作为分类标志。如塑料制品可按其主要成分合成的树脂不同，分为聚乙烯塑料制品、聚氯乙烯塑料制品、聚苯乙烯塑料制品、聚丙烯塑料制品等。而有些商品的主要成分虽然相似，但所含有的特殊成分却会影响商品质量、特征、性质和用途等，对这些商品进行分类时，应以特殊成分作为分类标志。如玻璃的主要成分是二氧化硅，却可以根据其所含的特殊成分分为钠玻璃、钾玻璃、铅玻璃、硅硼玻璃等。

按商品的化学成分分类，便于研究某类商品的特征及其储存和使用方法等。这种分类方法适用于化学成分对商品性能影响较大的商品。但对化学成分复杂的商品或化学成分对商品性能影响不大的商品，则不宜采用这种分类标志。

除上述分类标志外，商品的形状、结构、尺寸、颜色、重量、产地、生产季节等均可作为商品分类的标志。

> **议一议**
> 服装按照功能分类有哪些？按照品种分类有哪些？

任务二　商品目录和商品编码

任务描述

本任务主要阐述了商品目录的定义和分类，商品编码的概念、作用以及基本原则。

任务分析

商品目录的编制就是商品分类的具体体现。编制商品目录，便于国家、部门和企业对其经营范围内的商品进行科学管理；便于了解与把握商品生产和经营的动态，为市场经济发展提供商品信息；便于消费者了解市场商品供求情况，更好地满足其需要。所以，编制商品目录是搞好商品生产、经营及其管理的一种重要手段。商品编码是指根据一定规则赋予某种或某类商品以相应的商品代码的过程。

任务处理

一、商品目录

（一）商品目录的概念

目录是按照统一的分类方法顺序排列的商品清单，是用表格文字全面记录商品分类体系和排列顺序的书本式工具。

商品目录是指国家或部门以商品分类为依据，将所经营管理的全部商品品种，按一定标志进行系统分类编制成的商品细目表，亦即在商品逐级分类和编码的基础上，用表格、符号和文字全面记录商品分类体系和编排顺序的书面形式。

（二）商品目录的种类

商品目录由于编制的作用不同，种类很多。按适用范围不同，编制的目录有国际商品目录、国家商品目录、部门商品目录、企业商品目录等。

1. 国际商品目录

国际商品目录是指由国际组织或区域性集团通过商品分类所编制的商品目录。如，联合国编制的《国际贸易标准分类目录》，国际关税合作委员会编制的《商品、关税率分类目录》，海关合作理事会编制的《海关合作理事会商品分类目录》和《商品分类及编码协调制度》等。

2. 国家商品目录

国家商品目录是指 GB7635-87，是由国家指定专门机构通过商品分类编制的商品目录。如我国由国务院批准、原国家标准局（国家技术监督局）发布的《全国工农业产品（商品、物资）分类与代码》。它是我国国民经济各部门、各地区从事经济管理工作时必须一致遵守的全国性统一商品目录。

3. 部门商品目录

部门商品目录是指由行业主管部门编制的商品目录。如商务部、海关总署、国家环保总局公布的《加工贸易禁止类商品目录》。

4. 企业商品目录

企业商品目录是指企业在兼顾国家和部门商品目录分类原则的基础上，为充分满足本企业工作需要，而对本企业生产或经营的商品所编制的商品目录。如营业柜组经营商品目录、仓库保管商品目录等，都具有分类类别少，对品种划分更详细的特点。

二、商品编码

（一）商品编码的概念

商品编码是指根据一定规则赋予某种或某类商品以相应的商品代码的过程。

（二）商品编码的作用

商品编码的作用如下：

第一，商品编码可使繁多的商品便于记忆，简化手续，提高工作效率和可靠性，有利于计划、统计、管理等业务工作。

第二，商品编码实行标准化、全球化，可以提高分类体系的概括性和科学性，有利于商品信息管理和物流管理的规范、统一和高效率，降低管理成本，提高经济效益，促进国际贸易的发展。

（三）商品编码的基本原则

1. 唯一性原则

必须保证每一个编码对象仅有唯一的一个商品代码，即每个商品代码只能与指定的商品类目一一对应。

2. 简明性原则

商品代码应简明、易记、易校验、不宜过长，既便于手工处理，减少差错率，也能减少计算机的处理时间和储存空间。

3. 层次性原则

商品代码要层次清楚，能清晰地反映商品分类关系和分类体系、目录内部固有的逻辑关系。

4. 可扩性原则

在商品代码结构体系里应留有足够的备用码，以适应新类目的增加和旧类目的删减需要，使扩充新代码和压缩旧代码成为可能，从而使分类代码结构体系可以进行必要的修订和补充。

5. 稳定性原则

商品代码确定后要在一定时期内保持稳定，不能频繁变更，以保证分类编码的稳定性，避免人、财、物的浪费。

6. 统一性和协调性原则

商品代码要同国家商品分类编码标准相一致，与国际通用的商品分类编码标准相协调，以利于实现信息交流和信息共享。

（四）商品编码方法

1. 顺序编码法

顺序编码法是按照商品类目在分类体系中出现的先后次序，依次给予顺序数字代码的编码方法。

如罐头制品：猪 000–099，牛羊 100–199，禽类 200–299，鱼 300–399，红烧 400–499，虾、水产 500–599，糖、水果罐头 600–699，果浆 700–799，蔬菜 800–899，其他类 900–999。

2. 层次编码法

层次编码法是按商品类目在分类体系中的层级顺序，依次赋予对应的数字代码的编码方法。它主要用于线分类体系。

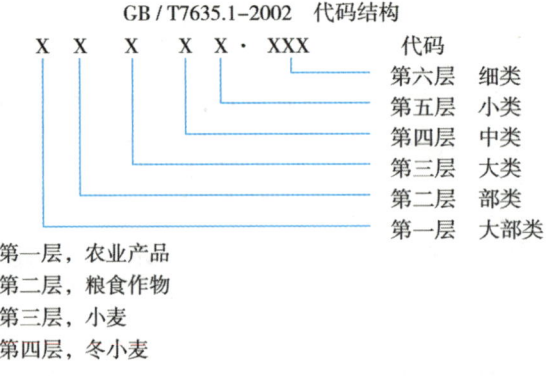

图 2-3　层次编码法

3. 平行编码法

平行编码法，也称特征组合编码法，是将编码对象按其属性或特征分为若干个面，每一个面的编码对象按其规律分别确定一定位数的数字代码，面与面之间的代码没有层次关系和隶属关系，最后根据需要选用各个面中的代码，并按预先确定的面的排列顺序组合成复合代码的一种编码方法。它多适用于面分类体系。

4. 混合编码法

混合编码法由层次编码法与平行编码法混合而成。

如数字、字母混合：用英文字母表示门类，8位阿拉伯数字分别代表大类、中类、小类和品种4个层次。

A　03　10　25　01

门类，农林牧渔

大类，人工饲养动物、捕猎

中类，人工饲养动物、下水及副产品

小类，蛋类

品种，鸡蛋

任务三 商品条码

本任务主要阐述了商品条码的概念、作用,一维条码与二维条码的种类及其应用。

商品条码是将表示一定信息的字符代码转换成用一组宽窄不同、黑白(或彩色)相间的平行线条,按一定的规则排列组合而成的特殊图形符号。条形码是商品的"身份证",是商品流通于国际市场的"共同语言",是计算机输入数据的一种特殊的代码,包含商品的生产国别、制造厂商、产地、名称、特性、价格、数量、生产日期等一系列商品信息。

一、商品条码概述

(一)商品条码的概念

商品条码是由一组按一定规则排列的条、空及对应的字符组成的标记,用来表示一定的信息。商品条码由两部分组成,其条、空组合部分,称为条码符号,用于条码识读机器快速扫描、准确识读;其对应的下方的一组13位数字,是供人识别字符,也就是该条码所表示的商品标识代码。我国国家标准《商品条码》规定了商品条码的编码、结构、尺寸及技术要求。

根据我国国家标准《商品条码》(GB 12904-2003)的定义,商品条码是指由国际物品编码协会(EAN)和统一代码委员会(UCC)规定的,用于表示商品标识代码的条码,包括EAN商品条码(EAN-13和EAN-8商品条码)和UPC商品条码

（UPC－A 和 UPC－E 商品条码）。

（二）商品条码的作用

商品条码的作用如下：

第一，条形码是商品的"身份证"，是商品流通于国际市场的"共同语言"。商品条形码是计算机输入数据的一种特殊代码，包含商品的生产国别、制造厂商、产地、名称、特性、价格、数量、生产日期等一系列商品信息。

第二，条形码是快速、准确地进行商品信息流和物流控制的现代化手段。这不仅实现了售货、仓储、订货的自动化管理，而且通过产、供、销信息系统把销售信息及时提供给生产厂家，实现了产、供、销之间的现代化管理。

第三，条形码是进入 POS（Point of Sales）超市的入场券。当带有条码符号的商品通过结算台扫描时，条码所表示的信息被录入到计算机，计算机从数据库文件中查寻到该商品的名称、价格等，并经过数据处理，打印出收据。POS 系统的建立，可以采集到大量的商品信息，使批发商、零售商及时了解经营情况，减少库存，降低成本，使制造商获得准确的商品及市场销售信息，不断调整生产结构，提高竞争力，同时也为顾客提供了更加快捷、方便的服务。

（三）商品条码的特点

商品条码的特点有：条码技术简单易行，标签易于制作；扫描操作无需培训，简单易行；信息采集速度快且准；经济性好；灵活、实用，自由度大。

二、一维条码

世界上约有 225 种以上的一维条码。每种一维条码都有自己的一套编码规定，规定每个字母（可能是文字或数字或文数字）是由几个线条（Bar）、几个空白（Space）组成以及字母的排列。较常见的一维条码有 EAN 码、UPC 码、Code39 码（标准 39 码）、Codabar 码（库德巴码）、Code25 码（标准 25 码）、ITF25 码（交叉 25 码，在物流管理中应用较多）、Matrix25 码（矩阵 25 码）、中国邮政编码（矩阵 25 码的一种变体）、Code－B 码、MSI 码、Code10 码、Code93 码、Code128 码（包括 EAN128 码）、Code39EMS（EMS 专用的 39 码），以及专门用于书刊管理的 ISBN 码、ISSN 码等。

（一）EAN 码

EAN 码的全名为欧洲商品条码（European Article Number），是国际物品编码协会制定的一种商品用条码，通用于全世界。EAN 码符号有标准版（EAN－13）和缩短版（EAN－8）两种。EAN 码是当今世界上广为使用的商品条码，已成为电子数据交换（EDI）的基础。

EAN 码具有以下特性：只能储存数字；可双向扫描处理，即条码可由左至右或由右至左扫描；必须有一检查码，以防读取资料的错误情形发生，位于 EAN 码中的最右边处；具有左护线、中线及右护线，以分隔条码上的不同部分与撷取适当的安全空间来处理；条码长度一定，较欠缺弹性，但经由适当的管道，可使其通用于世界各国。

1. EAN-13 码（标准版 EAN 商品条码）

EAN-13 商品条码是由其上部的条码符号及其下部的供人识别字符即 EAN/UCC-13 代码两部分所组成。EAN-13 码是按照"二进制"和"模块组配法"原理进行编码的，它的条空图形结构线条为 30 条，条码符号中的条或空的基本单位是模块，模块是一种代表规定长度的物理量，是确定条与空宽度的计量单位。

EAN-13 条码符号由左侧空白区、起始符、左侧数据符、中间分隔符、右侧数据符、校验符、终止符、右侧空白区 8 个部分，共 113 个模块组成。EAN-13 条码的相应字符为 13 位，包括：

国别代码：也称前缀码，2~3 位数，用于标识商品来源的国家或地区，由国际物品编码协会分配管理。

厂商代码：4~5 位数，用于标识生产企业或批发公司，由国际物品编码协会在各国或地区的分支机构分配管理。

图 2-4 EAN-13 商品条码符号结构

产品代码：4~5 位数，用于标识商品的特征和属性，由制造厂商依据 EAN 的规则自行编制。

校验码：1 位数，用于校验输入代码的正确性。

以中国商品为例，标准码由 13 位数字组成，其尺寸为 37.29mm×26.26mm，放大系数取值范围是 0.80~2.00，间隔为 0.05mm。标准码的 13 位数字构成大致分两种情况：

（1）以 690、691 打头，由 3 位国别代码、4 位厂商代码、5 位商品代码及 1 位校

图 2-5 EAN-13 商品条码符号构成示意图

验码构成。如 690MMMMPPPPC：M 是厂商代码，P 是商品代码，C 是校验码。

（2）以 692、693 打头，由 3 位国别代码、5 位厂商代码、4 位商品代码及 1 位校验码构成。如 692MMMMMPPPC：M 是厂商代码，P 是商品代码，C 是校验码。

2. EAN-8 码（缩短版 EAN 商品条码）

EAN-8 商品条码是用于表示 EAN/UCC-8 代码的商品条码。它主要应用于印刷面积较小而无法印贴 EAN-13 商品条码的零售包装商品。

EAN-8 商品条码的符号结构与 EAN-13 商品条码的符号结构基本相同，由左侧空白区、起始符、左侧数据符、中间分隔符、右侧数据符、校验符、终止符、右侧空白区 8 个部分，共 81 个模块组成。它与 EAN-13 商品条码符号的区别在于压缩了左、右侧数据符及其条、空模块数量。EAN-8 码条空图形结构为 22 条，其相应字符为 8 位。前 2~3 位为国家代码，最后 1 位为校验码，其余为商品代码。

图 2-6 EAN-8 商品条码的符号结构

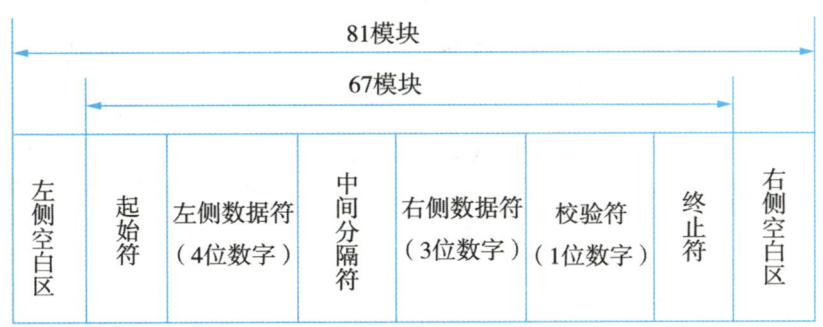

图 2-7 EAN-8 商品条码符号构成示意图

以中国商品为例，缩短码由 8 位数字组成，其尺寸为：26.73mm×21.64mm，放大系数取值范围是 0.80~2.00，间隔为 0.05mm。如 690PPPPC：690 为中国，P 为商品代码，C 为校验码。

（二）UPC 码

UPC 码（Universal Product Code，通用产品条形码）是最早大规模应用的条码，广泛应用于美国和加拿大，由于其应用范围广泛，故又被称为"万用条码"。各国出口到美国、加拿大等北美国家的商品，其包装上必须印有 UPC 条码。UPC 商品条码与 EAN 商品条码完全兼容，也是一种模块组合型条码。

表 2-2 UPC 码的各种版本

版本	应用对象	格　式
UPC-A	通用商品	SXXXXX XXXXXC
UPC-B	医药卫生	SXXXXX XXXXXC
UPC-C	产业部门	XSXXXXX XXXXXCX
UPC-D	仓库批发	SXXXXX XXXXXCXX
UPC-E	商品短码	XXXXXX

注：S-系统字符（系统码）　　X-资料码　　C-检查码

（三）ISBN 条形码

国际统一标准书号（International Standard Book Number，简称 ISBN），是根据图书出版、管理的需要，以利于国际间出版物的交流与统计所发展的一套国际统一的编号制度，由一组冠有"ISBN"代号的十位数码所组成，用以识别出版物所属国别地区或语言、出版机构、书名、版本及装订方式。这组号码也可以说是图书的代码。

中国的图书代码为 978。制作条码时，EAN 码中图书类的代码是 978，亦即只要将 EAN 的国家代码部分改为 978，再重新计算检查码，即为 ISBN 条码，其余处理均相同。我国被分配使用 7 开头的 ISBN 号，因此，我国出版社出版的图书上的条码全部为

9787 开头。简单来说，ISBN 与 EAN 的对应关系为：978 + ISBN 前 9 码 + EAN 检查码。

例如，位于黑白条空区的上方字符 ISBN N – XXXXXXXX – C：ISBN 为国际标准书号，N 为国别地区或语言（7 为中国），X 为出版机构、书名，C 为版本及装订方式。

位于黑白条空区的下方字符 978NXXXXXXXXC：978 为中国，N 为国别地区或语言（7 为中国），X 为出版机构、书名，C 为校验码。

（四）ISSN 条形码

国际标准期刊号（International Standard Serial Number，简称 ISSN），是根据国际标准组织 1975 年制订的 ISO – 3297 规定，由设在法国巴黎的国际期刊资料系统中心（International Serial Data System – ISDS International Centre）所赋予申请登记的每一种刊物一个具有识别作用且通行国际间的统一编号。中国的期刊代码为 977。

三、二维条码

一维条码仅仅只是一种商品的表示，不含有对商品的任何描述，人们只有通过后台的数据库，提取相应的信息才能明白商品标识的具体含义。可见，一维条码所携带的信息只能依赖商品数据库的支持，离开了预先建立的数据库，这种条码就没有意义了。因此，在一定程度上也限制了条码的应用范围。于是，20 世纪 90 年代出现了二维条码。常见的二维条码有 PDF417 码、Code49 码、Code16K 码、Data Matrix 码、MaxiCode 码等。

中国物品编码中心负责编制的国家标准《417 条码》（GB/T 17172 – 1997）于 1997 年 12 月正式颁布。这是我国第一个自动识别技术领域中二维条码的国家标准。

（一）二维条码的特点

1. 信息容量大

根据不同的条空比例，每平方英寸可以容纳 250 到 1100 个字符。在国际标准的证卡有效面积（相当于信用卡面积的 2/3，约为 76 mm × 25 mm）上，二维条码可以容纳 1848 个字母字符或 2729 个数字字符，约为 500 个汉字信息。这种二维条码比普通条码信息容量大几十倍。

2. 编码范围广

二维条码可以将照片、指纹、掌纹、签字、声音、文字等凡是可数字化的信息进行编码。

3. 保密、防伪性能好

二维条码具有多重防伪特性，它可以采用密码防伪、软件加密以及利用所包含的信息如指纹、照片等进行防伪，因此，具有较强的保密防伪性能。

4. 译码可靠性高

普通条码的译码错误率约为百万分之一，而二维条码的译码错误率不超过千万分之一，译码可靠性极高。

5. 修正错误能力强

二维条码采用了世界上最先进的数学纠错理论，如果破损面积不超过50%，条码由于玷污、破损等所丢失的信息，可以照常破译出来。

6. 容易制作且成本很低

利用现有的点阵、激光、喷墨、热敏或热传印、制卡机等打印技术，即可以在纸张、卡片，甚至金属表面上印出二维条码，由此所增加的费用仅是油墨的成本。

7. 条码符号的形状可变

同样的信息量，二维条码的形状可以根据载体面积及美工设计等进行调整。

（二）二维条码的应用

二维条码作为一种新的信息存储和传递技术，广泛应用于国防、公共安全、交通运输、医疗保健、工商业、金融、海关及政府管理等领域。

1. 表单应用

表单应用非常广泛，常见有公文表单、商业表单、进出口报单、舱单等。使用二维条码可减少人工重复输入表单资料，避免人为错误，降低人力成本。

2. 保密应用

二维条码技术在商业情报、经济情报、政治情报、军事情报、私人情报等机密资料加密及传递中有着良好的应用基础。

3. 追踪应用

二维条码技术可服务于公文自动追踪、生产线零件自动追踪、客户服务自动追踪、邮购运送自动追踪、维修记录自动追踪、危险物品自动追踪、后勤补给自动追踪、医疗体检自动追踪、生态研究（动物、鸟类……）自动追踪等。

4. 证照应用

二维条码技术能为护照、身份证、军人证、挂号证、驾照、会员证、识别证、连锁店会员证、健康证、保险卡等证照的资料登记及自动输入，发挥随到随读、立即取用的资讯管理效果。

5. 盘点应用

二维条码技术能有效地帮助广大用户在物流中心、仓储中心、联勤中心的货品及固定资产的自动盘点上，发挥立即盘点、立即决策的效果。

6. 备份应用

文件表单的资料若不愿或不能以磁碟、光碟等电子媒体储存备份时，可利用二维条码来储存备份，它携带方便，不怕折叠，保存时间长，又可影印传真，做更多备份。

（三）二维条码的种类

国际组织在二维条码标准上的努力已有初步成效，二维条码主要分为堆积式（层排式）和棋盘式（矩阵式）两大类。堆积式（层排式）是在一维条码编码原理的基础上，将多个一维码在纵向堆叠而产生的，如 Code 16K、Code 49、PDF417 等。矩阵式是在一个矩形空间通过黑、白像素在矩阵中的不同分布进行编码，如 Aztec（由美国韦林 Welch Allyn 公司推出，最多可容纳 3832 个数字或 3067 个字母字符或 1914 个字节的数据）、Maxi Code、QR Code、Data Matrix 等。

图 2-8　几种主要二维码图

项目小结

本项目主要介绍了商品分类、商品目录、商品代码、商品条码的概念,商品的分类方法和常用的商品分类标志,商品条码的基本结构和常用的条形码等内容。

1. 找出超市中按线分类法进行分类的一组商品集合,汇制该组商品分类层级图,并用数字型代码对该组商品进行编码。

2. 找出超市中按面分类法进行分类的一组商品集合,汇制该组商品分类表,并用混合型代码对该组商品进行编码。(编码可标注在商品名称后面)

项目三 商品质量与质量管理

【项目介绍】

商品质量是企业竞争的重要武器，做好产品质量不论对消费者还是对生产者都有着重要意义。本项目介绍了质量的概念，影响商品质量的因素，商品质量的基本要求，商品质量管理以及商品质量认证和监督等内容。本项目的教学，对提升商品质量意识，搞好商品生产和经营都有重要作用。

【学习目标】

能力目标：结合商品实际能够区分商品质量的好坏；能够充分意识到商品质量认证和监督工作的重要意义；能够系统了解影响产品质量的因素。

知识目标：掌握质量的概念；掌握全面质量管理的特点和内容；掌握商品质量监督和认证的作用。

社会目标：通过所学的商品质量的相关知识，做好产品质量，服务消费者和社会，为企业创造财富。

【案例导入】

2008年6月28日，兰州市某医院收治了首例患"肾结石"病症的婴幼儿。家长反映，孩子从出生起，就一直食用河北石家庄三鹿集团所产的三鹿婴幼儿奶粉。7月中旬，甘肃省卫生厅接到医院婴幼儿泌尿结石病例报告后，随即报告卫生部。随后短短两个多月，该医院收治的患婴人数，迅速扩大到14名。

甘肃省委、省政府领导和各相关部门对"肾结石事件"也高度重视，要求卫生部门及各监管部门做好患儿救治的工作，并要迅速展开调查。9月11日，除甘肃省外，中国其他省区都有类似案例发生。

当晚卫生部指出，近期甘肃等地报告多例婴幼儿泌尿系统结石病例，并发现患儿多有食用三鹿牌婴幼儿配方奶粉的历史。经相关部门调查，高度怀疑石家庄三鹿集团的产品受到三聚氰胺污染。三聚氰胺是一种化工原料，可导致人体泌尿系统产生结石。

【案例解析】

案例告诉我们，假冒伪劣商品不仅严重影响人们的生命财产安全，有时也给企业带来致命影响。质量是企业有利的竞争武器，好的质量不仅满足消费者需要，也给企业带来源源不断的利润，所以企业要严把产品质量关，做有责任的、有担当的企业。

任务一　商品质量的概念

本任务主要阐述了商品质量的概念和商品质量评价。

过去，人们对商品质量的认识，大多看重的是内在质量，也就是狭义的商品质量。现在，让消费者满意的已经不仅仅局限于内在的产品质量，而是既包括内在质量，也包括外观质量和附加质量。好的商品质量构成企业的核心竞争力。衡量质量好坏，应该从商品质量特性和商品质量指标入手。

课堂调查：

1. 为什么越来越多的人在选择商品时都趋向于选择名牌？
2. 网上购物你最担心什么问题？
3. 能否举例说明一件商品从哪些方面能够体现其质量？

一、商品质量的概念

狭义的商品质量是指产品与其规定标准技术条件的符合程度。它以国家或国际有关法规、商品标准或订购合同中的有关规定作为最低技术条件，是商品质量的最低要求和合格的依据。

广义的商品质量是指商品适合其用途所需的各种特性的综合及其满足消费者需要

的程度，是市场商品质量的反映。它不仅是指商品的各种特性能够满足需要，而且包括价格实惠、交货准时、服务周到等内容。

我国标准 GB/T 19000-2008《质量管理体系基础和术语》中对质量做如下定义：质量是一组固有特性满足要求的程度。

商品质量包括如下含义：

第一，商品质量的主体是产品。产品进入流通领域后便称为商品，商品质量实际上就是指产品质量，产品可以是有形的，也可以是无形的，还可以是两者的结合。

第二，商品质量的内容或基础，是商品固有的特性。固有的是指存在于某事或某物中的，尤其是那种永久的特性。特性是指不同商品特有的性质。由于商品的使用价值必须通过商品的各种特性来体现，所以，商品特性是商品质量的根本内容，它由若干要素构成。

第三，商品质量的基本要求是商品固有的特性能够满足要求。所谓"要求"是指明示的、通常隐含的或必须履行的需求或期望。"通常隐含"是指组织的惯例或习惯，即考虑其顾客和其他相关方的需求或期望是不言而喻的。如顾客或社会对商品的适用性、安全性、卫生性、可靠性、耐久性、美观性、经济性、信息性等方面的人为期望及人们公认的、不言而喻的、不必做出或难于做出规定的需要，如商品风格、流行性等。

商品质量是一个综合性的概念，它涉及商品本身及商品流通过程中诸因素的影响。从现代市场观念来看，商品质量是内在质量、外观质量、社会质量和经济质量等方面内容的综合体现。

商品的内在质量是指商品在生产过程中形成的商品体本身固有的特性，包括商品实用性能、可靠性、寿命、安全与卫生性等。它构成商品的实际物质效用，是最基本的质量要素。

商品的外观质量主要指商品的外表形态，包括外观构造、质地、色彩、气味、手感、表面疵点和包装等，它已成为人们选择商品的重要依据。

商品的社会质量是指商品满足全社会利益需要的程度，如是否违反社会道德，是否对环境造成污染，是否浪费有限资源和能源等。一种商品不管其技术如何进步，只要有碍于社会利益，就难以生存和发展。

商品的经济质量是指人们按其真实的需要，希望以尽可能低的价格，获得性能尽可能优良的商品，并且在消费或使用中付出尽可能低的使用和维护成本，即物美价廉的统一程度。

商品的内在质量是由商品本身的自然属性决定的；外观质量、社会质量和经济质量则是由商品的社会效应来决定的，它受到诸多社会因素的影响。

二、商品质量评价

（一）商品质量指标

商品质量特性通常需要各种数量指标来表示，这些数量指标称为商品质量指标。

1. 可用性

可用性是指商品在规定的条件下完成规定功能的能力。

2. 可靠性

可靠性是指商品在规定的条件下和规定的时间内，完成规定功能的能力。

3. 安全性

安全性是指商品在制造、储存和使用中，保证人身与环境免遭危害的程度。

4. 维修性

维修性是指在规定的时间内，按规定的程序和方法进行维修时，保持或者恢复到能完成规定功能的能力。

5. 使用寿命

使用寿命是指产品在规定的使用条件下完成规定功能的总工作时间。

6. 储存寿命

储存寿命是指在规定的储存条件下商品从开始存储到规定的失效的时间。

7. 合格

合格是指满足规定的要求。

8. 不合格

不合格是指不满足规定的要求。

9. 合格品

合格品是指满足全部规定要求的商品。

10. 不合格品

不合格品是指不满足规定要求的商品。

11. 缺陷

缺陷是指不满足预期的使用要求。

12. 故障

故障是指商品不能在预定的性能范围内工作。

13. 失效

失效是指商品丧失规定的功能。

(二）商品质量特征

商品质量具有针对性、相对性和可变性的特征。

商品的质量是针对一定使用条件和一定的用途而言的。各种商品均需在一定使用条件和范围内按设计要求或使用要求合理使用。若超出它的使用条件，即使是优质品也很难反映出它的实际功能，甚至会完全丧失其使用价值。

商品质量相对于同类商品（使用目的相同）的不同个体而言，是一个比较的范畴。对一般商品来说，可以通过简单的比较和识别来观察，而对某些商品则要有严格的质量指标规定。

商品的特性会随着科技进步而发展，而且人们消费水平的提高和社会因素的变化，对商品质量也会不断提出新的要求；即使同一时期，因地点、地域、消费对象不同，对商品的要求也不一样；消费者职业、年龄、性别、经济条件、宗教信仰、文化修养、心理爱好等不同，对质量要求也不同。

任务二 影响商品质量的因素

本任务主要阐述了影响商品质量的内部因素和外部因素。

影响商品质量的因素很多,有市场调研因素、产品设计因素、原材料因素、生产工艺因素、成品检验及包装因素等,另外,还有流通过程(储存、运输、销售等环节)和消费过程的各种影响因素等。只有搞清楚影响质量的各种因素,才能全面做好质量的管理工作。

一、内部因素

(一)市场调研与产品开发设计

产品开发设计是形成产品质量的首要环节,决定了产品满足用户需求的程度。企业应根据市场调研结果,开展技术经济分析,确定经济、合理的产品质量目标,完善产品开发设计工作程序并有效执行。在设计过程中,应对关键的设计进行严格评审,采取有效措施减少质量责任风险,保证最终设计满足质量要求。设计过程中还应进行产品质量特性、重要性分级和传递,为制造质量控制提供依据。

优质产品是设计、生产出来的,不是检验出来的。

(二）原材料

> 【案例】
>
> ### 蓝山咖啡：高品质
>
> 咖啡在世界很多地方种植，但受阳光、雨水、土壤等因素影响，牙买加的蓝山咖啡品质最好。蓝山最高峰海拔2256米，是加勒比地区的最高峰，也是著名的旅游胜地。这里拥有肥沃的火山土壤，空气清新，没有污染，气候湿润，终年多雾多雨。这样的气候造就了享誉世界的牙买加蓝山咖啡，同时也造就了世界上最高价格的咖啡。

原材料是构成商品质量的物质基础，在其他条件相同的情况下，原材料对商品的质量起着决定性的作用。由于原材料的成分、结构、性质不同，决定着所形成的商品质量也不同。例如，制造玻璃制品时，若硅砂中含有铁离子的成分过高，就会影响制品的色泽和透明度；用牛、羊脂做的肥皂，去污力强而且耐用；优质棉能纺出优质纱织出优质棉布，制成的服装透气性、吸湿性更好。通过对原材料成分、结构及性质的分析，可以明确商品的质量特征和对商品质量的基本要求，可以加强商品的质量管理，可以揭示商品在流通过程中的质量变化规律，以确定商品的包装、储存方法及使用注意事项，是正确使用商品的重要依据。

原材料本身的质量又受品种、成分、结构、性质、产区的自然条件及饲养或栽培方法等因素的影响。

研究分析构成商品的原材料，便于了解商品的质量，并为采用代用品，开辟原材料的来源，节约资源和合理使用原材料提供了重要的依据。

（三）生产工艺

生产工艺是形成商品质量的关键，对商品质量起决定性作用。商品的各种有用性及外形和结构，都是在生产工艺过程中形成和固定下来的。生产工艺主要是指产品在加工制造过程中的配方、操作规程、设备条件以及技术水平等。生产工艺不但可以提高质量，也可以改变质量。在很多情况下，虽然采用的原材料相同，但因生产工艺和技术水平不同，不仅产品数量会有差异，质量方面也会相差悬殊。

在生产工艺过程中，对商品质量有重要影响的因素是配方、操作规程、设备条件和技术条件等。

（四）成品检验及包装

商品检验是商品质量控制的重要环节，采用的检验方法和检验工具的先进程度直接决定质量检验的水平,从而最终影响产品质量。包装的好坏不仅影响内在质量,而且直接影响商品的外在质量。

二、外部因素

(一)流通过程

流通过程是指商品离开生产过程进入消费过程前的整个区间。商品在流通过程中,都要经过时间和空间的转移,商品的储存和运输是不可避免的。流通过程对商品质量的影响,主要体现在运输、储存、销售等方面。

商品运输是商品流通的必要条件,没有运输,商品不会自己到达消费者手中。运输对商品质量的影响,与运程远近、运输时间长短、运输路线、运输方式、运输工具的条件等有关。

商品储存是商品流通的一个重要环节。没有商品储存,就难以保证商品流通的正常运转。

商品在储存期间的质量变化,与储存场所和方位、储存时间长短、储存措施与技术、商品存放数量等有关。

商品在销售过程中,必然离不开商品陈列、包装、搬运、装配、维修等项工作。每个环节都涉及维护和损害商品质量的问题。例如:商品的暴露陈列、试用和挑选、陈列组合不当、拆零与分装捆扎不讲究、装配及维修水平低、陈列时间长、陈列环境及卫生条件差等,会使商品在外力、温湿度、光、热、微生物、环境污染等影响下引起质量变化。

(二)使用过程

商品的使用对商品质量有直接影响。商品使用对商品的质量影响主要与商品使用与保养条件、商品安装及商品使用的方法等有关。例如,药品、农药、化肥、塑料制品的合理使用;机械商品、电器用品的安装;液化气灶具的操作规程;设备的安装环境;毛、丝类针纺织品的洗涤与保管等。如果方法不当,环境条件不利,违反了规定要求,不仅损坏了商品,降低了使用价值,而且还可能直接危及人身安全。所以要对有些商品认真编制使用(食用)和养护说明书,采取多种形式向消费者宣传,传授使用(食用)和养护知识,设立必要的咨询中心、维修网点等,这些都是使用过程中保护商品质量的重要途径和措施。

任务三　商品质量的基本要求

概要描述

本任务主要阐述了商品质量的基本要求，着重讲述了纺织品、食品和日用工业品这三类重要商品的质量要求。

任务分析

对有形商品的质量应满足适用性、可信性、美观性、经济性、安全性、信息性、时间性、耐用性等基本要求；对服务性商品应满足功能性、时间性、文明性、安全性、舒适性、经济性等质量要求。商品类型不同，质量要求也不同。

任务处理

【知识链接】

对有形商品有如下质量要求：

适用性：商品的适用性即有用性，是指商品为满足一定的用途（或使用目的）所必须具备的各种性能或功能，是构成商品使用价值的基本条件。

适应性：适应性是指商品对环境的普遍适用能力。

安全卫生性：安全卫生性是指对商品在生产，流通，尤其在使用过程中保证人身安全与健康，以及环境不受污染、不造成公害的要求，这是评价商品质量的一个重要指标。

美观性：美观性又称审美性，是指商品能满足人们审美需要的属性，表现在商品的形态、色泽、质地、结构、气味和品种多样性等。

寿命：寿命通常指使用寿命，有时也指储存寿命、自然寿命、社会寿命。任何商品都具有一定的寿命，它反映了商品的耐用程度。

可信性：可信性是个集合性特征，包括可用性、可靠性、耐用性、维修保障性等。

经济性：经济性是指商品在寿命周期内总费用的大小。对于消费者来说，总是希望以尽可能少的费用获得较高的商品质量。

信息性：信息性是指应为消费者提供的关于商品的有用信息，依照有关法规，生产者应在商品或商品包装上提供标识和必备的有关文件，向消费者提供有用的质量信息。如生产日期、保质期、使用说明等。

对服务性商品有如下质量要求：功能性、时间性、文明性、安全性、舒适性、经济性等。

商品质量的基本要求是根据其用途、使用方法以及消费者和社会需求提出来的。由于商品种类繁多，性能各异，又有着不同的用途、特点和使用方法，因此，对不同商品的质量要求各不相同。

一、纺织品质量的基本要求

随着社会的发展，纺织品的款式、品种日趋新颖、丰富，其功能已不再是简单的御寒遮体、维持生活。因此，对纺织品质量的最基本要求，既要耐用舒适、卫生安全，又要美观、大方、流行、具有时代性等，主要包括以下几方面：

（一）材料选择适宜性

纺织品的基本性能及外观特征，主要由其所用的纤维材料决定。不同种类的纤维如棉、麻、毛、涤纶等，其织品的性能各有不同；即使同种纤维，由于品质不同，其织品也各有特色。因此，纺织品用途不同，所选择的纤维的种类和品质也各不相同。

（二）组织结构合理性

纺织品的组织结构主要包括织物组织、重量和厚度、紧度和密度、幅宽和匹长等。纺织品的组织结构影响着织物的外观和机械性能。如纺织品的厚度、紧度等可影响其透气性、保暖性、柔软性等。

（三）良好的机械性能

纺织品的机械性能主要是指各种强度指标，它是衡量纺织品耐用性能的重要指标。另外，机械性能对织物的尺寸稳定性和手感及成品风格也有影响。

(四)良好的服用性

服用性主要是要求织品在穿着和使用过程中舒适、美观、大方,要求其缩水率、刚挺性、悬垂性符合规定标准,具有良好的吸湿性、透气性,不起毛起球,花型、色泽、线条图案应大方或富有特色等。

(五)工艺性

工艺性指纺织品面料必须方便裁剪缝制,易于洗涤、熨烫、定型,染色牢固等。

二、食品质量的基本要求

食品是指为人体提供热量、营养,维持人体生命,调节人体生理活动,形成和修补人体各组织的物质,是人们生长发育、保证健康不可缺少的生活资料。因此,对食品质量的基本要求是:具有营养价值;具有良好的色、香、味、形;无毒无害,符合卫生要求。

(一)食品的营养价值

能给人体提供营养物质,这是一切食品的基本特征。食品的营养价值是决定食品质量高低的重要依据,是评定食品质量优劣的关键指标。

食品的营养价值包括营养成分、可消化率和发热量三项指标。

1. 营养成分

营养成分是指食品中所含的蛋白质、脂肪、碳水化合物、维生素、矿物质及水分等。人们可以从各种不同的食品中获得各种营养成分。

2. 可消化率

可消化率是指食品在食用后,可能消化吸收的百分率。它反映了食品中营养成分被人体消化吸收的程度。

3. 发热量

发热量是指食品的营养成分经人体消化吸收后在人体内产生的热量。它是评价食品营养价值最基本的综合性指标。

人体对食品的需要量通常是采用能产生热量的碳水化合物、蛋白质、脂肪三种主要营养成分的发热量来表示。

(二)食品的色、香、味、形

食品的色、香、味、形是指食品的色泽、香气、滋味和外观形状。食品的色、香、味、形不仅能反映食品的新鲜度、成熟度、加工精度、品种风味及变质状况,同时可直接影响人们对食品营养成分的消化和吸收。食品的色、香、味、形良好,还可以刺激人产生旺盛的食欲。

（三）食品的卫生性（无毒害性）

食品的卫生性是指食品中不应含有或超过允许限量的有害物质和微生物。影响食品卫生的主要来源，有以下五个方面：

1. 食品自身产生的毒素

如河豚、毒蘑菇、苦杏仁、土豆发芽部分产生的氰甙龙葵类毒素，死后的鳝鱼、鳖、河蟹体内的组胺毒素等，这些毒素对人体的消化系统、神经系统、血液循环系统都有严重的危害。

2. 生物对食品的污染

生物对食品的污染包括：（1）微生物污染，主要是细菌、细菌毒素、霉菌、霉菌毒素及大肠杆菌等；（2）寄生虫及虫卵污染，主要是旋毛虫、蛔虫、绦虫、蛲虫、姜片虫、肝吸虫等；（3）昆虫污染，主要是粮食中的甲虫类、蛾类、螨类以及鼠类活动所造成的污染。

3. 加工中混入的毒素

如方便面、罐头、小食品、饮料等，因配料不当或超范围使用防腐剂、色素、香精，放置时间久了引起铅、锌中毒；油炸、烧烤食品时生成甘油醛，造成食品污染，影响人体健康。

4. 保管不善产生的毒素

食品因保管不善有可能感染微生物而腐败或霉烂变质，如温度过高，海产品发生变质，容易致癌；花生、小麦、玉米、豆类等发霉后则能产生黄曲霉毒素，使人体致癌。

5. 环境、化学品造成的污染

这主要包括工业上"三废"不合理排放，化肥农药使食物受到污染，不合乎卫生要求的食物添加剂和使用量不合理等。另外，食品在生产、储存、运输、销售时受到环境、化学品、菌类、重金属的污染也会使食品有毒有害。

三、日用工业品质量的基本要求

日用工业品包括的面很广，有玻璃制品、搪瓷器皿、铝制品、日用塑料制品、皮革制品、胶鞋、纸张、洗涤剂、化妆品、钟表、家具、电器、服装等。日用工业品是人们生活中不可缺少的生活资料。因此，对日用工业品质量的基本要求是：适用性、耐用性、卫生性和安全性、外观美观性、结构合理性等。

（一）适用性

适用性是指日用工业品满足主要用途所必须具备的性能或质量要求。不同商品的适用性各有不同要求，如保温瓶必须保温，洗涤剂必须去污，电冰箱必须制冷，钢笔必须书写流利，手表要求走时准确等。适用性是构成商品使用价值的基本条件，也是评价日用工业品质量的重要指标。

（二）耐用性

耐用性是指日用工业品抵抗各种外界因素对其破坏的能力，它反映了日用工业品坚固耐用的程度和一定的使用期限、次数。例如，皮革、橡胶制品和某些纸张常用强度和耐磨耗等指标来评定其耐用性。提高日用工业品的坚固耐用性，就能延长商品的使用寿命，就等于不用额外消耗原料和劳动力而提高了产品的质量。所以耐用性是评价绝大多数日用工业品质量的主要依据。

（三）卫生性和安全性

卫生性和安全性是指日用工业品在使用时不能影响人体健康和人身安全的质量特性。如对盛放食物的器皿、化妆品、玩具、太空杯、肥皂、牙膏及包装材料等商品应要求具有无毒无害性；各种家用电器要求不漏电、无辐射、安全可靠，在使用过程中不发生危险。

（四）外观美观性

日用工业品的外观，主要是指其表面特征：一方面包括商品的外观疵点，即影响商品外观或影响质量的表面缺陷，另一方面指商品的表面装饰如造型、款式、色彩、花纹、图案等。对商品外观总的要求是式样大方新颖、造型美观、色彩适宜，具有艺术感和时代风格，并且应无严重影响外观质量的疵点。

（五）结构合理性

日用工业品的结构，主要是指其形状、大小和部件的装配要合理，若结构不合理，不仅影响其外观，而且直接影响其适用性和耐用性。例如，服装鞋帽结构不当，不仅使人感到不舒服、不美观，而且无法穿戴，丧失了使用价值。

任务四 商品质量管理

概要描述

本任务主要阐述了商品质量管理的相关概念，全面质量管理的特点和内容以及商品质量管理的常用方法。

任务分析

通过本任务的学习，让学生深入了解全面质量管理的内涵，这对学生在以后的工作实践中做好产品的质量管理大有裨益。

任务处理

【案例】

1985年的一天，张瑞敏的一位朋友要买一台冰箱，结果挑了很多台都有毛病，最后勉强拉走一台。朋友走后，张瑞敏派人把库房里的400多台冰箱全部检查了一遍，发现共有76台存在各种各样的缺陷。张瑞敏把职工们叫到车间，问大家怎么办？多数人提出，也不影响使用，便宜点儿处理给职工算了。当时一台冰箱的价格800多元，相当于一名职工两年的收入。张瑞敏说："我要是允许把这76台冰箱卖了，就等于允许你们明天再生产760台这样的冰箱。"他宣布，这些冰箱要全部砸掉，谁干的谁来砸，并抡起大锤亲手砸了第一锤！很多职工砸冰箱时流下了眼泪。在接下来的一个多月里，张瑞敏发动和主持了一个又一个会议，讨论的主题非常集中："如何从我做起，提高产品质量"。三年后，海尔人捧回了我国冰箱行业的第一块国家质量金奖。

一、商品质量管理相关概念

（一）商品质量管理的概念

根据国际标准 ISO 9000:2000 的定义，质量管理是"指导和控制组织的与质量有关的相互协调的活动"。质量管理通常包括制定质量方针和质量目标以及质量策划、质量控制、质量保证和质量改进等一系列活动。

商品质量管理是指确定质量方针、目标和职责并在质量体系中通过诸如质量策划、质量控制、质量保证和质量改进使其实施的全部管理职能的所有活动。

（二）质量方针及其制定要求

质量方针是指由组织的最高管理者正式发布的该组织的质量宗旨（意图）和质量方向。对于企业来说，质量方针是企业质量行为的指导准则，反映组织在质量方面的追求和对顾客的承诺，而不是具体的质量目标。从一定意义上来说，质量方针就是企业的质量管理理念。

制定质量方针的要求：

第一，与企业的经营宗旨相适应；

第二，包括对满足顾客要求和持续改进质量体系有效性的承诺；

第三，提供制定和评审质量目标的框架；

第四，在企业内得到沟通和理解；

第五，在持续性与适宜性方面得到评审。

（三）质量目标及其制定要求

质量目标是指组织在质量方面所追求的目的。对企业而言，质量目标是根据质量方针的要求，企业在一定期间内所要达到的预期效果，即能够达到的量化的可测量目标。

制定质量目标的原则：持续改进，提高质量，使顾客满意。制定质量目标不仅要考虑市场当前和未来的需要，还应考虑当前的产品及顾客满意的状况。

质量目标的制定要求：

第一，与质量方针保持一致；

第二，质量目标的内容，应包括产品要求以及满足产品要求所需的其他内容，质量目标的制定还应考虑相关方要求、市场变化、竞争对手的情况、自我评价的结果和所需的资源；

第三，质量目标应是量化且可测量的；

第四，质量目标应细化分解和落实。

（四）质量体系

质量体系是指为实施质量管理所需的组织机构、程序、过程和资源，质量体系的建立和运营要以质量方针和质量目标为依据。

（五）质量策划

质量策划致力于制定质量目标并规定必要的运行过程和相关资源以实现质量目标。

质量策划是对质量特征进行识别、分类、比较，以确定适宜的质量特征，并制定质量目标、质量要求和约束条件。

质量策划强调的是一系列活动，而质量计划是质量策划的结果之一，是规定用于某一产品及其设计、采购、生产、检验、包装、运输等过程的质量管理体系要素和资源的文件。

（六）质量控制

质量控制是为保持某一产品、过程或服务质量满足规定的质量要求所采取的作业技术和活动。

质量控制是动态的，致力于满足质量要求。

质量控制的目的：确保产品的质量能满足质量要求（包括明示的或隐含的所必须履行的规定）。

质量控制的范围：涉及产品质量形成全过程的各个环节。质量控制包括对产品质量本身的控制以及为了实现这种质量而进行的工作过程的控制，包括操作作业的方法、步骤及应达到的要求等。

（七）质量保证

质量保证是为使人们确信某一产品、过程或服务质量能满足规定的质量要求所必需的有计划、有系统的全部活动。它致力于提供质量要求会得到满足的信任。

质量保证的目的：顾客（或第三方）的信任。

质量保证的主要工作：促使质量控制完善，以便准备好客观证据，并根据对方的要求有计划、有步骤地开展提供证据的活动。

（八）质量改进

质量改进是组织为更好地满足顾客不断变化的需要和期望，而改善产品的特性和提高用于生产和交付产品的过程的有效性和效率的活动。

质量改进致力于增强满足质量要求的能力，它是组织长期的坚持不懈的奋斗目标。

质量改进的目的：提高本组织的收益；向顾客提高更多的收益；提高活动和过程的效益和效率。

质量改进的原理：通过改进过程来实现。采取预防和纠正措施是实现质量改进的重要方法。

（九）全面质量管理

质量有广义和狭义之分。狭义的质量是指产品质量；广义的质量包括产品质量、工序质量（工程质量）、工作质量和服务质量。

产品质量是指产品的适用性，即满足用户需要所具备的各种特性，包括产品的结构、性能、精度、纯度、物理和化学性能等内在质量特性，还包括外观、形状、手感、色泽、气味等外部质量特性。

工序质量是指工序能稳定地生产合格产品的能力。

工作质量是指企业的管理工作、组织工作和技术工作对达到质量标准和提高产品质量的保证程度。工作质量是产品质量的保证，产品质量反映工作质量，质量管理从提高工作质量入手，来保证和提高产品质量。

从顾客的角度出发，服务质量由以下两类属性组成：第一类，技术性质量，指服务结果的质量，多数顾客能比较客观地评估它；第二类，功能性质量，指服务过程的质量。服务质量由服务设施、服务技能、服务人员与顾客之间的行为关系决定，与顾客的感觉有关。

1. 质量管理的发展阶段

随着工业生产技术的不断发展，质量管理经历了三个阶段，即质量检验阶段、统计质量控制阶段和全面质量管理阶段。

（1）质量检验阶段。

质量检验阶段是指20世纪初至20世纪40年代，其主要特点是事后检验，不让不合格品出厂或转到下一道工序，它只能起到事后把关的作用，不能起到预防的作用。

（2）统计质量控制阶段。

20世纪40至50年代，欧美一些国家的企业开始运用概率论和数理统计的方法，控制生产过程，预防不合格品的发生。其主要特点是在生产过程中，通过抽样检查，将测得的数据记录在管理图上，通过管理图分析生产过程中的质量情况，如果发现问题，及时采取措施，防止废品的发生。这是一种事中控制，比单纯质量检验前进了一步，但过于片面强调数理统计方法，忽视了组织管理工作。

（3）全面质量管理阶段。

从20世纪60年代开始，美国首先出现了全面质量管理，简称TQC，最早是由美国通用电气公司的费根堡姆提出的，后来由美国的朱兰、戴明等人进一步全面地阐述了全面质量管理的概念。经过几十年的实践、运用和总结，全面质量管理的内容和方法得到了充实、发展和提高。

表 3-1　全面质量管理阶段

时间	标准	对象	控制内容	特点
20世纪初—20世纪40年代	既定质量标准	商品本身	生产制造过程	消极防范型
20世纪40年代—20世纪50年代末	商品标准	质量工序	生产、设计过程	预防型
20世纪60年代至今	顾客	全面	全过程	积极进取型

2. 全面质量管理

全面质量管理就是企业全体员工和有关部门同心协力，综合运用管理技术、专业技术和科学方法，建立起从产品设计、生产制造到售后服务的全过程的质量保证体系，用最经济、最有效的手段生产出用户满意的产品。

（1）全面质量管理的特点。

①全过程的质量管理。

质量管理的范围是全过程的，包括设计试制过程的管理、生产制造过程的管理、辅助生产过程的管理和使用过程的管理。优质产品是设计、生产出来的，不是检验出来的；在各个环节都要严把质量关，把不合格的产品消灭在它的形成过程中，"防患于未然"；注重预防和对过程的控制，防检结合，以防为主；树立"下道工序就是用户""努力为下道工序服务"的思想。

②全对象的质量管理。

全面质量管理的"质量"含义是全面的。它不仅包括产品质量，以及产品质量赖以形成的工作质量，还包括服务质量。

③全员性的质量管理。

产品质量是人制造出来的，参与生产的每一个部门、每一个人的工作质量都直接或间接地影响产品质量。全员性的质量管理就是要求从厂长到工人都要参与质量管理，人人关心质量；组织推广"质量信得过""万米无次布""万件无差错""百日无事故"等群众性提高产品质量的好经验。

④全方法的质量管理。

质量管理的方法是全面的，它综合运用了组织管理、专业技术、数理统计和思想教育方法，从而能够有效地控制企业内外部各种因素。

（2）全面质量管理的内容。

全面质量管理的内容包括设计、制造、辅助生产、使用过程的质量管理。

①设计过程的质量管理。

设计过程包括产品设计、工艺设计、试制鉴定等，也就是产品正式投产前的技术准备阶段。设计过程的质量管理是一个关键环节，是全面质量管理的起点，关系到以后各阶段的工作质量，也关系到最终能否满足用户的需要。日本著名管理专家田口玄一博士曾经说过："要控制产品质量，与其把注意力放在生产过程和设备上，还不如在产品设计一开始，就考虑如何使该产品足以经受生产过程的变异，而不至于影响质量水准。"在国外工业品生产的行业中，流行一种所谓"1∶10∶1000"的成本法则。就是说，在生产前发现一项缺陷而予以改正，只要花一元钱，若此缺陷到了生产线上才发现，则需花10倍的钱来更正；若在产品销售到市场上被消费者发现而需要改正，就要花1000倍的代价。设计过程的质量管理主要做好以下几个方面的工作：制定产品质量目标、参与设计审查、工艺验证和试制鉴定等。

②制造过程的质量管理。

制造过程是产品质量的形成过程，产品质量的好坏在很大程度上取决于生产环节制造产品的工序能力和质量管理水平。制造过程的质量管理要做好以下两个方面的工作：

第一，"把关"，即做到不合格的原材料不投产，不合格的零件不转入下道工序，不合格的成品不出厂，保证出厂产品都合格。

第二，"预防"，即搞好工序质量控制。通过质量分析，找出产生质量问题的原因，采取措施加以控制，预防不合格品的产生。

③辅助生产过程的质量管理。

辅助生产过程主要包括物资供应、工具供应、设备维修等内容，这些环节工作质量的好坏直接影响制造过程的质量，有时甚至起到决定作用。因此，必须不断地提高这些部门的工作质量，为生产优质产品创造必要的条件。具体措施有：

第一，在物资供应上，要对进厂的物资进行严格的检查和验收，确保用于生产上的原材料以及外购零部件都符合质量要求，做到不合格的原材料不投产。

第二，在刀具等工具的供应上，要求刀具直接送到工位，定时定量强制换刀，以保证产品加工的质量。

第三，做好设备维修的质量管理。设备质量的好坏对产品质量有直接影响，只有把设备维修好，使其经常保持良好的技术状态，才能保证提高产品质量。设备维修包括计划维修和日常维护保养两个方面。

④使用过程的质量管理。

产品的质量特性是根据使用要求设计的，使用过程的质量是实际质量，也就是实际的使用效果，必须在使用过程中才能做出充分的评价。因此，质量管理必须从生产过程延伸到使用过程，它既是质量管理的归宿点，又是质量管理的出发点。产品使用过程的质量管理，应抓好以下几个方面的工作：

第一，积极开展技术服务，包括编写产品使用说明书，设立用户服务站，帮助培养技术力量，指导用户安装和调试，提供零配件，实行"三包"。

第二，进行使用效果和使用要求的调查研究，这一方面可以了解产品在实践中的使用效果，另一方面可以征求用户对进一步改进产品品质的意见。

【知识链接】

与传统的质量管理相比较，全面质量管理的特点是：

1. 把满足消费者或用户需要放在第一位；
2. 运用以数理统计方法为主的现代化综合管理手段和方法，对商品开发、设计、生产、流通、使用、售后服务及用后处置的全过程进行全面管理；
3. 防检结合，以防为主，重在分析各种因素对商品质量的影响；
4. 既管产品质量，又管工作质量、工序质量；
5. 不仅要保证产品质量，还要做到成本低廉，供货及时，服务周到；
6. 依靠与商品使用价值形成和实现有关的所有部门和人员来参与质量管理；
7. 实行严格标准化，不仅贯彻成套技术标准，而且要求管理业务、管理技术、管理方法的标准化。

二、商品质量管理的基本方法

PDCA 循环，又称戴明循环，其含义是质量管理分为四个阶段，即计划（Plan）、执行（Do）、检查（Check）、处理（Action）。在质量管理活动中，要求把各项工作按照做出计划、计划实施、检查实施效果，然后将成功的纳入标准，不成功的留待下一循环去解决的工作方法进行，这是质量管理的基本方法，也是企业管理各项工作的一般规律。

PDCA 循环的四个阶段如下：

（1）计划阶段。其任务是制定计划。

（2）执行阶段。其任务是执行计划，落实具体措施。

（3）检查阶段。其任务是检查计划的执行情况，调查计划执行的效果，将工作结果和计划对比，得出经验，找出问题。

（4）处理阶段。其任务是把执行的结果进行处理总结。

PDCA 循环的八个步骤如下：

（1）调查研究，分析现状，找出所存在的质量问题。

（2）根据存在问题，分析产生质量问题的各种影响因素，并逐个因素加以分析。

（3）找出影响质量的主要因素，并从主要影响因素中着手解决质量问题。

（4）针对影响质量的主要因素，制定计划和活动措施。

以上四步是计划阶段的具体化。

（5）按照既定计划执行。就是对照计划，检查执行的情况和效果，及时发现和总结计划实施过程中的经验和问题。这就是执行阶段。

（6）根据计划的要求，检查实际执行结果。就是根据检查的结果采取措施，巩固成绩，吸取教训，以利再干。这是检查阶段。

（7）根据检查结果进行总结，把成功的经验和失败的教训总结出来，对原有的制度、标准进行修正，巩固已取得的成绩，同时防止重蹈覆辙。这是总结处理阶段。

（8）提出这一次循环尚未解决的遗留问题，并将其转到下一次 PDCA 循环中去。

PDCA 循环有以下三个特点：

（1）大环套小环，互相促进。

（2）不断循环上升。

（3）推动 PDCA 循环关键在于 A 阶段。所谓总结，就是总结经验，肯定成绩，纠正错误，提出新的问题以利再干。这是 PDCA 循环之所以能上升、前进的关键。

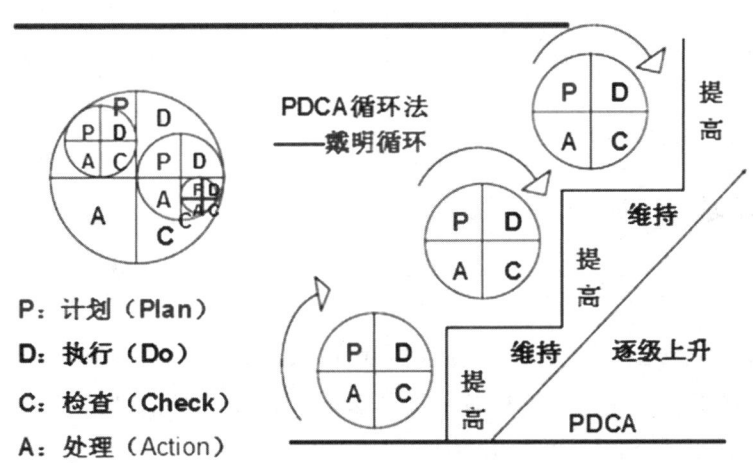

图 3-1　PDCA 循环模式图

任务五 商品质量监督

本任务主要阐述了商品质量监督的概念和作用,质量监督的种类和形式以及我国的国家质量监督机构。

商品质量监督是国家、社会和用户对生产和流通领域的商品和质量保证体系进行的监督活动。其目的是防止不合格商品流入市场,维护国家和消费者利益。质量监督对于保证商品质量,提高商品竞争能力,维护市场秩序,实现国民经济健康发展都有重要意义。

一、商品质量监督的概念和作用

商品质量监督是根据国家的质量法规和商品质量标准,由国家指定的商品质量监督机构对生产和流通领域的商品和质量保证体系进行监督的活动。其目的是防止不合格品流入市场,维护国家和消费者利益。

商品质量监督是国家商品质量管理体系和标准化工作的重要组成部分,是保证国家各级标准得以实施的有效措施,对促进企业贯彻执行管理标准和产品技术标准,提高商品质量和企业经济效益、社会效益,促进我国对外经济贸易的发展起着重要作用。商品质量监督的作用具体表现在:

(1)商品质量监督是保证商品质量,维护市场经济正常秩序,实现国民经济健康发展目标的重要措施。

(2) 商品质量监督是贯彻执行商品质量法规和技术标准的措施和手段。

(3) 商品质量监督是促进企业健全质量保证体系，提高质量保证能力，提高经济效益的重要手段。

(4) 商品质量监督是发展对外贸易，提高商品竞争能力，保障国家经济权益的重要措施。

(5) 商品质量监督是维护消费者利益，保障人民健康安全的需要。

(6) 商品质量监督是重要的质量信息源。

二、商品质量监督的种类和形式

（一）商品质量监督的种类

我国的商品质量监督可分为国家的质量监督、社会的质量监督和用户的质量监督。

1. 国家的质量监督

国家的质量监督是指国家授权指定第三方专门机构以公正的立场对商品质量进行的监督检查。这种国家法定的质量监督是以政府行政的形式，对可能危及人体健康和人身、财产安全的商品，影响国计民生的重要工业产品及用户、消费者组织反映有质量问题的商品，实行定期或经常的监督抽查和检验，公开公布商品质量抽查检验结果，并根据国家有关法规及时处理质量问题，以维护社会经济生活的正常秩序和保护消费者的合法权益。

国家的商品质量监督由国家质量技术监督部门进行规划和组织实施。

2. 社会的质量监督

社会的质量监督是指社会团体、组织和新闻机构根据消费者和用户对商品质量的反映，对流通领域的某些商品质量进行的监督检查。这种质量监督，是从市场一次抽样，委托第三方检验机构进行质量检验和评价，将检验结果特别是不合格商品的质量状况和生产企业名单予以公布，以造成强大的社会舆论压力，迫使企业改进质量，停止销售不合格商品，对消费者和用户承担质量责任，实行包修、包换、包退及赔偿经济损失。

中国质量管理协会用户委员会、中国消费者协会、中国质量万里行促进会等组织是社会质量监督的组织者和职权的行使者。

3. 用户的质量监督

用户的质量监督是指内外贸部门和使用单位为确保所购商品的质量而进行的质量监督。这种质量监督是购买大型成套设备和装置，以及采购生产企业生产的商品时，进驻承制单位和商品生产厂进行质量监督，发现问题有权通知企业改正或停止生产，及时把住质量关，以保证商品质量符合所规定的要求。这种质量监督包括用户自己派人或委托技术服务部门进驻承制单位实行质量监督，内外贸部门派驻厂人员进行质量监督，以及进货时进行验收检验。

（二）商品质量监督的形式

商品质量监督的形式种类很多，可以归纳为抽查型质量监督、评价型质量监督和仲裁型质量监督三种。

1. 抽查型质量监督

抽查型质量监督是指国家质量监督机构通过对从市场或企业抽取的商品样品进行监督检验判定其质量，从而采取强制措施责成企业改进质量，直至达到商品标准要求的一种监督活动。抽查型质量监督一般只抽检商品的实物质量，不检查企业的质量保证体系。抽查的主要对象是涉及人体健康和人身、财产安全的商品，影响国计民生的重要工业产品、重要的生产资料商品和消费者反映有质量问题的商品。

2. 评价型质量监督

评价型质量监督是指国家质量监督机构通过对企业的产品质量和质量保证体系进行检验和检查，考核合格后，以颁发产品质量证书、标志等方法确认和证明产品已经达到某一质量水平，并向社会提供质量评价信息，实行必要的事后监督，以检查产品质量和质量保证体系是否保持或提高的一种质量监督活动。评价型质量监督是国家干预产品质量、进行宏观管理的一种重要形式。产品质量认证、企业质量体系认证、环境标志产品认证、优质产品评选、产品统一检验制度和许可证发放等都属于这种形式。

3. 仲裁型质量监督

仲裁型质量监督是指质量监督检验机构通过对有质量争议的商品进行检验和质量调查，分清质量责任，做出公正处理，维护经济活动正常秩序的一种质量监督活动。仲裁型质量监督具有较强的法制性，这项任务由质量监督管理部门承担，应选择经省级以上人民政府产品质量监督管理部门或其授权的部门审查认可的质量监督检验机构作为仲裁检验机构。

三、我国的国家质量监督机构

（一）国家市场监督管理总局

国家市场监督管理总局负责市场综合监督管理，统一登记市场主体并建立信息公示和共享机制，组织市场监管综合执法工作，组织实施质量强国战略，负责工业产品质量安全、食品安全、特种设备安全监管，统一管理计量标准、检验检测、认证认可工作等。

（二）国家药品监督管理局

国家药品监督管理局由国家市场监督管理总局管理，主要职责是负责药品、化妆品、医疗器械的注册并实施监督管理。

（三）国家认证认可监督管理委员会、国家标准化管理委员会

国家认证认可监督管理委员会（简称国家认监委）、国家标准化管理委员会职责划入国家市场监督管理总局，对外保留牌子。

（四）海关总署

原国家质量监督检验检疫总局的出入境检验检疫管理职责和队伍划入海关总署，海关总署是当前我国进出口商品检验的官方机构。

任务六　产品质量认证

概要描述

本任务主要阐述了产品质量认证的概念，产品质量认证的机构、依据和程序，产品质量认证的条件和类型以及强制性产品认证制度的有关内容。

任务分析

产品质量认证是第三方机构依据产品标准和相应技术要求，客观公正地证明产品的质量是否符合规定的标准，或者说产品质量是否达到一定的要求和水平。产品质量认证对提高产品质量和信誉，保护用户和消费者的利益，提高企业竞争力等方面都有重要的作用。

任务处理

> **议一议**
>
> 由于产品的复杂性或专业知识的缺乏，消费者无法对产品质量做出评判，而厂商所做出的有关产品质量的"声明"或"说明"又无法取得消费者的信任，在这种情况下，如何判断商品质量的好坏？

一、认证制度

（一）什么是产品质量认证

根据1991年实施的《中华人民共和国产品质量认证管理条例》（简称《产品质量认证管理条例》），产品质量认证是依据产品标准和相应技术要求，经认证机构确认并通过颁发认证证书和认证标志来证明某一产品符合相应标准和相应技术要求的活动。

我国的产品质量认证采用的是第三方认证制度，也就是说在产品质量认证活动中，从事认证的机构作为独立于生产方和购买方之外的第三方机构，公正地证明产品的质量符合规定的标准，并且在批准认证以后，继续对它实行监督。

国际标准化组织（ISO）对产品质量认证的定义是：由可以充分信任的第三方证实某一产品或服务符合特定标准或其他技术规范的活动。

理解定义的5个基本要素：

第一，产品质量认证的对象是产品（商品）或服务。

第二，产品质量认证的依据是特定的商品标准以及补充的技术要求。

第三，产品质量认证机构应是独立的第三方。

第四，证明产品质量符合认证标准的认证方法是颁发认证证书或认证标志。

第五，产品质量认证一般遵循自愿性原则，但关系到人们生命和财产安全的产品（商品），如电工产品则实施强制性认证和监督管理。

【知识链接】

产品质量认证是现代工业发展和市场完善的产物。世界上第一个实行质量认证制度的国家是英国。1903年，英国工程标准委员会首创世界上第一个"BS"标志或称为风筝标志，开始使用在铁道钢轨上。到20世纪70年代，世界上已有70多个国家和地区实行了质量认证制度。20世纪70年代以后，质量认证制度又向区域化和国际化方向发展，建立了若干区域认证制度和国际认证制度。国际标准化组织（ISO）也于1987年发布了ISO 9000系列标准。它一产生就得到了世界各国的认同和采用。

（二）产品质量认证实施机构

《产品质量认证管理条例》中规定，国务院标准化行政主管部门统一管理全国的认证工作；国务院标准化行政主管部门直接设立的或者授权国务院其他行政主管部门设立的行业认证委员会负责认证工作的具体实施。县级以上（含县）地方人民政府标准化行政主管部门在本行政区域内，对认证产品进行监督检查。

获准认证的产品，除接受国家法律和行政法规规定的检查外，免于其他检查，并享有实行优质优价、优先推荐评为国优产品等国家规定的优惠。对于违反法律、行政法规、国务院标准化行政主管部门会同国务院有关行政主管部门制定的规章规定的有关认证的行为，依据法律、行政法观和规章的规定进行处罚。

(三) 认证依据

产品质量认证的依据是认证检验机构对产品质量进行检验、评定所依据的标准和相应的技术要求。由于我国的标准体系中有国家标准、行业标准、地方标准、企业标准，不同产品有不同的特征及特性要求，所以认证机构在开展产品质量认证工作时，主要有以下几类依据：

第一，一般产品开展质量认证，应以具有国际水平的国家标准或行业标准为依据。对于现行国家标准或行业标准内容不能满足认证需要的，应当由认证机构组织制定补充技术要求。对于这一点，《中华人民共和国产品质量法》（简称《产品质量法》）第十四条第二款规定，国家参照国际先进的产品标准和技术要求，推行产品质量认证制度。这一规定的目的是为了体现出认证的水平和层次。

第二，我国名、特、优产品开展产品质量认证，应当以经国家质量技术监督局确认的标准和技术要求作为认证依据。

第三，经过国家质量技术监督局批准加入了相应国际认证组织的认证机构（例如：电子元器件认证委员会、电工产品认证委员会）进行产品质量认证时，应采用国际认证组织已经公布的、并已转变化为我国的国家标准或行业标准为依据。

第四，我国已与国外有关认证机构签订双边或多边合作协议的产品，应按照合作协议规定采用的标准开展产品质量认证工作。

(四) 产品质量认证的程序

企业可以按下列程序办理认证：

第一，中国企业向认证委员会提出书面申请，外国企业或者代销商向国务院标准化行政主管部门或者其指定的认证委员会提出书面申请。

第二，认证委员会通知承担认证检验任务的检验机构对产品进行检验。

第三，认证委员会对申请认证的生产企业的质量体系进行审查。

第四，认证委员会对认证合格的产品，颁发认证证书，并准许使用认证标志。

第五，例行监督。

颁发认证证书后，认证机构继续对企业的质量保证体系进行监督检查。

二、产品质量认证的作用

实行产品质量认证的目的是保证产品质量，提高产品信誉，保护用户和消费者的利益，促进国际贸易和发展国际质量认证合作。其作用具体表现在以下几方面：

第一，有利于提高商品信誉和在国内外市场上的竞争力。商品在获得质量认证证书和认证标志并通过注册加以公布后，就可以在激烈的国内国际市场竞争中提高自己产品质量的可信度，有利于占领市场，提高企业经济效益。

第二，有利于促进企业完善质量体系，努力提高商品质量。商品质量认证制度的实施，可以促进企业进行全面质量管理，并及时解决在认证检查中发现的质量问题，可以加强国家对商品质量进行有效的监督和管理，促进商品质量水平不断提高。

第三，有利于保护消费者和用户利益，指导消费者选购自己满意的商品。消费者购买商品时，可以从认证注册公告或从商品及其包装上的认证标志中获得可靠的质量信息，经过比较和挑选，购买到满意的商品。

第四，减少社会重复检验和评定费用。已取得质量认证的产品，可以减少重复检验和评定的费用。

第五，实施国际质量认证，可有效消除贸易中的技术壁垒，推进贸易活动的顺利进行。

【知识链接】

质量体系认证是指由第三方公证机构依据公开发布的质量体系标准，对企业的质量管理体系实施评定，评定合格的由第三方机构颁发质量体系认证证书，并给予注册公布，证明企业在特定的商品（产品）或服务范围内具有必要的质量保证能力的活动。

质量体系认证与产品质量认证的不同之处是：质量体系认证的对象是质量管理体系；质量体系认证的依据是质量体系标准；质量体系认证的目的是为了证明供方的质量体系有能力确保其产品满足规定的要求；质量体系认证的证实方式是对质量体系审核而不是对产品实物实施检验；质量体系认证的证明方式是颁发证书，注册公布，供方可以使用注册标志做宣传，但不得直接用于产品或以其他方式误导产品已经合格；质量体系认证后定期监督供方质量体系但不对产品实物实施监督检验。

三、产品质量认证的条件

根据《产品质量法》《中华人民共和国标准化法》（简称《标准化法》）和《产品质量认证管理条例》的规定，凡是经过加工、制作、用于销售的产品，有国家、行业标准的，都可以申请产品质量认证。但是建设工程、军工产品不在产品质量认证之列。企业可以参阅国家质量技术监督局向社会发布的开展认证的产品目录，选择本企业生产的产品申请认证。

经认证合格的，由认证机构颁发产品质量认证证书，准许企业在产品或者其包装上使用产品质量认证标志。产品质量认证标志是指由产品质量认证机构设计，按照法定程序批准、发布的一种专用标志。产品质量认证标志用以证明某产品符合规定标准或者技术规范，经认证机构允许，可以在获准认证的产品上使用。

按《产品质量认证管理条例》规定，中国企业、外国企业均可提出认证申请。提出申请的企业应当具备以下条件：

第一，产品符合国家标准或者行业标准要求。

第二，产品质量稳定，能正常批量生产。

第三，生产企业的质量体系符合国家质量管理和质量保证标准及补充要求。

四、产品质量认证的类型

（一）按认证性质分，可分为安全认证和合格认证

凡根据安全标准进行认证或只对商品标准中有关安全的项目进行认证的，称为安全认证。它是对商品在生产、储运、使用过程中是否具备保证人身安全与避免环境遭受危害等基本性能的认证，属于强制性认证。实行安全认证的产品，必须符合《标准化法》中有关强制性标准的要求。

合格认证是依据商品标准的要求，对商品的全部性能进行的综合性质量认证，一般属于自愿性认证。实行合格认证的产品，必须符合《标准化法》规定的国家标准或行业标准的要求。

（二）按认证范围分，可分为国家认证、区域认证和国际认证

国家认证是指各国对国内产品实行的认证。

区域认证是指由若干个国家和地区，按照自愿的原则自行组织起来，按照共同认定的技术标准或规范进行的认证。

国际认证是指参与国际标准化组织（ISO），按照 ISO 标准进行的认证。

五、强制性产品认证制度

产品认证分为强制认证和自愿认证两种。一般来说，对有关人身安全、健康和其他法律法规有特殊规定的产品实施强制性认证，即"以法制强制执行的认证制度"。其他产品实行自愿认证制度。

强制性产品认证制度简称 CCC 认证（China Compulsory Certification 的缩写，意为"中国强制认证"），是我国政府为切实保护广大消费者人身和动植物生命安全、保护环境、保护国家安全，依照法律法规实施的一种产品合格评定制度，它要求产品必须符合国家强制标准和技术法规。

国家对强制性产品认证实施"四个统一"，即统一目录，统一标准、技术法规和合格评定程序，统一标志，统一收费标准。

强制性产品认证制度是各国政府普遍实施的一项市场准入制度。其主要通过制定《强制性产品认证的产品目录》（以下简称《目录》）和实施强制性产品认证程序，对列入《目录》中的产品实施强制性的检测和审核。凡列入《目录》内的产品未获得指定机构的认证证书，未按规定加施认证标志，不得出厂、进口、销售和在经营服务场所使用。

强制性产品认证制度在推动国家各种技术法规和标准的贯彻、规范市场经济秩序、打击假冒伪劣行为、促进产品的质量管理水平和保护消费者权益等方面，具有其他工作不可替代的作用和优势。认证制度由于其科学性和公正性，已被世界大多数国家广泛采用。实行市场经济制度的国家，政府利用强制性产品认证制度作为产品市场准入的手段，正在成为国际通行的做法。

国家认监委按照国务院授予的工作职能，统一负责国家强制性产品认证制度的管理和组织实施工作。2001年底，国家质检总局、国家认监委制定并发布了新的强制性产品认证制度。该制度已于2002年5月1日起正式实施。

我国强制性产品认证制度是以《产品质量法》、《中华人民共和国进出口商品检验法》（简称《进出口商品检验法》）、《标准化法》为基础建立的。强制性产品认证制度的对象为涉及人体健康、动植物生命安全、环境保护、公共安全、国家安全的产品。强制性产品认证的技术依据为国家强制性标准或国家技术规范中的强制性要求。强制性产品认证制度的基本框架为三部分，一是认证制度的建立，二是认证的实施，三是认证实施有效性的行政执法监督。强制性产品认证制度的建立由中央政府负责，国家认监委负责按照法律法规和国务院的授权，协调有关部门按照"四个统一"的原则建立国家强制性产品认证制度，指定认证机构在授权范围内承担具体产品的认证任务，向获证产品颁发CCC认证证书；地方质量技术监督局和各地出入境检验检疫局负责对列入《目录》产品的行政执法监督工作，确保未获得认证的列入《目录》内的产品不得进口、出厂、销售和在经营服务性活动中使用。对于特殊产品（如消防产品），国务院有关行政主管部门按照授权职能承担相应的监管职能。

图3-2　强制性产品认证标志

强制性产品认证标志的基本图案是椭圆形，在椭圆形边缘上印有黑色边框，图案中间印有三个黑色"C"字，其"C"字按顺序排列。强制性产品认证标志如图3-2所示。

【知识链接】

几种常见的质量标志

1. 中国名牌产品标志

中国名牌产品标志由国家质检总局和中国名牌战略推进委员会颁发。获得中国名牌产品标志的产品通过了包括市场评价、质量评价和效益评价为主要内容的严格的综合评价，其市场占有率、经济效益水平、知名度和品牌效应在同行业中名列前茅。获得中国名牌产品称号的产品自动享受免检待遇。中国名牌产品标志如图3-3所示。

 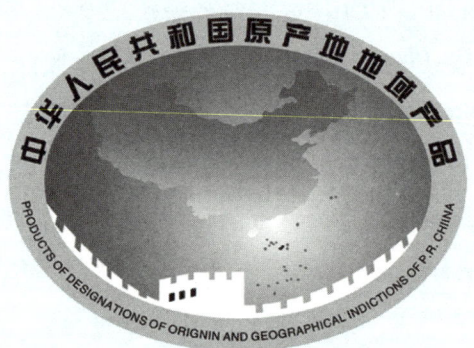

图3-3 中国名牌产品标志　　　　图3-4 原产地认证标志

2. 原产地认证标志

为了有效地保护我国的原产地地域产品，保证原产地地域产品的质量和特色，国家推行原产地地域产品保护制度。凡国家公告保护的原产地地域产品，在保护地域范围的生产企业，经国家质检总局审核并注册登记后，可以将该标志印制在产品的说明书和包装上，以此区别同等类型但品质不同的非原产地地域产品。原产地认证标志如图3-4所示。

3. 能源效率标识

能源效率标识是表示用能产品能源效率等级等性能指标的一种信息标识。国家对节能潜力大、使用面广的用能产品实行统一的能源效率标识制度。列入《中华人民共和国实行能源效率标识的产品目录》的产品必须标示能源效率标识。标识包括生产者名称、产品规格型号、能源效率等级、能源消耗指标、其他性能指标以及依据的能源效率国家标准编号等基本内容。"中国能效标识"采用不干胶粘贴。能效标识按产品耗能的程度由低到高，依次分成5级，其中1级最节能，5级能效最低，低于5级的产品不允许上市销售。即使是进口商品，在能源标识上也应先"中国化"后方可在国内市场上销售。能源效率标识如图3-5所示。

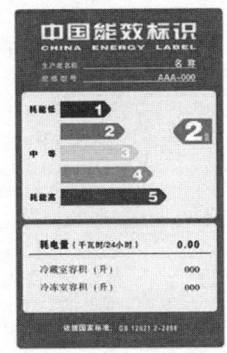 

图3-5　能源效率标志　　　图3-6　定量包装商品计量保证能力合格标志

4. 定量包装商品计量保证能力合格标志（"C"标志）

"C"标志是证明该定量包装商品的净含量符合产品标准和《定量包装商品计量监督规定》的要求，而且是该商品生产企业的计量保证能力符合《定量包装商品生产企业计量保证能力评价规范》的要求的标志。由省级质量技术监督局检查合格，企业可在其生产的定量包装商品上使用全国统一的"C"标志。定量包装商品计量保证能力合格标志如图3-6所示。

项目小结

本项目介绍了质量的概念，影响商品质量的因素，商品质量的基本要求，商品质量管理以及商品质量认证和监督等内容。

商品质量鉴定

【实训目的】通过调查总结常见商品质量鉴别的方法，从而掌握商品质量的基本要求以及影响商品质量的因素。

【实训场地】校内、校外超市，各大商场。

【实训要求】由学校组织学生亲自去超市或商场进行访问调查，了解商品质量鉴别的方法，写出实训报告，提出超市或商场提高商品质量的建议。

项目四　商品标准与标准化

【项目介绍】

商品标准是技术标准的一种，主要是对商品的品质规格及检验方法所做的技术规定。在标准中对商品的结构、化学组成、规格、质量、等级、检验、包装、储存、运输、使用以及生产技术等进行了明确规定。它是在一定时期和一定范围内具有约束力的产品技术准则，是商品生产、检验、验收、监督、使用、维护和贸易洽谈的技术依据，对于保证和提高商品质量，提高生产和使用的经济效益，具有重要意义。

【学习目标】

能力目标：结合实例能够解释商品标准的分类、分级；理解并能够解释商品标准化的概念；能够描述商品标准化的产生和发展过程。

知识目标：掌握商品标准的概念、作用；熟悉商品标准的分类、分级；了解商品标准的内容；掌握标准化和商品标准化的概念、作用。

社会目标：能够将不同的商品标准运用到社会生产与实践中去。

【案例导入】

A公司从国外进口一批青霉素油剂，合同规定该商品品质"以英国药局1953年标准为准"，但货到目的港后，发现商品有异样，于是请商检部门进行检验。经反复查明，在英国药局1953年版本内没有青霉素油剂的规格标准，结果商检人员无法检验，从而使A公司对外索赔失去了根据。

【案例解析】

商品的标准，有的由国家或有关政府主管部门规定，也有的由同业协会、交易所或国际性的工商组织规定。在国际贸易中，有些商品习惯于凭标准买卖，人们往往使用某种标准作为说明和评定商品品质的依据。在我国实际业务中，凡我国已规定有标准的商品，为了便于安排生产和组织货源，通常采用我国有关部门所规定的标准成交，但为了把生意做活，也可根据需要，酌情采用国外规定的品质标准。由于同一商品，各国所订的品质标准不完全一致，而且每个国家的标准（包括民间性的行业所订的标准）因各年的版本不同，内容也有差异。因此我们在签订合同时如按标准确定商品品质，不仅要弄清楚是按哪个国家的标准，而且还需要弄清楚不同年限版本的标准的内容。否则，就会出现本案例的被动局面。

任务一　商品标准

概要描述

本任务主要阐述了标准与商品标准的概念，商品标准的作用，商品标准的分类及级别。

任务分析

标准是为在一定范围内获得最佳秩序，对活动或其结果规定共同的和重复使用的规则、导则或特性的文件。标准按使用范围不同，分为国际标准、区域标准、国家标准、专业标准、地方标准、企业标准，不同类型的标准分别用不同的代码表示。制定标准应当有利于合理利用国家资源，推广科学技术成果，提高经济效益，保障安全和人民身体健康，保护消费者的利益，保护环境，有利于产品的通用互换及标准的协调配套等。

任务处理

一、标准与商品标准的概念

（一）标准的概念

GB/T 20000.1－2014《标准化工作指南 第1部分：标准化和相关活动的通用词汇》条目5.3中对标准描述为：通过标准化活动，按照规定的程序经协商一致制定，为各种活动或其结果提供规则、指南或特性，供共同使用和重复使用的一种文件。附录A表A.1序号2中对标准的定义是：为了在一定范围内获得最佳秩序，经协商一致制定并由公认机构批准，为各种活动或其结果提供规则、指南或特性，供共同使用和重复使用的一种文件。

【知识链接】

保温瓶胆的质量标准

1. 容水量：一、二等品均为 20000±ML。
2. 质量：一、二等品均不小于 500 g。
3. 耐温急变性：温差 95～100℃，一、二等品均反复 5 次不破裂。
4. 保温性：在室温 10℃以上，灌入沸水 24 h 后，一、二等品均不低于 68℃。
5. 瓶口高低偏斜之差：一等品不大于 2 mm，二等品不大于 3 mm。
6. 瓶口缺角：一等品不允许有，二等品不大于 2 mm。
7. 抽气尾管超出瓶底顶：一等品不允许，二等品不大于 2 mm。
8. 银层：一等品不露光，二等品轻微露光。
9. 抽气尾管破裂、裂纹、冷爆、搭伤、石棉脱落、内外瓶相搭：一、二等品均不允许有。

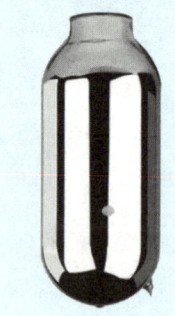

图 4-1　保温瓶胆

（二）商品标准的概念

商品标准是对商品质量以及与质量有关的各个方面（如商品的品名、规格、性能、用途、使用方法、检验方法、包装、运输、储存等）所做的统一技术规定，是评定、监督和维护商品质量的准则和依据。

> **议一议**
> 为什么要对重复性事物和概念做统一的规定？

二、商品标准的作用

商品标准的作用主要可以从以下几方面认识：

（一）在生产过程中的作用

1. 商品标准是商品生产的前提

《中华人民共和国标准化管理条例》规定，凡正式生产的商品都必须先制定标准并贯彻实施，没有标准就不可以生产。

2. 商品标准是提高商品质量的技术保证

《中华人民共和国标准化管理条例》以法规的形式规定，商品生产的原材料、半成品以及成品都必须按标准进行检验。符合标准的产品由检验部门填发合格证；不符合标准的产品，一律不列入计划完成数，不计产值，不准出厂。由于法规的强制性，从而赋予商品标准可以保证和促进商品质量不断提高。

（二）在市场流通中的作用

1. 商品标准是商品按质论价的必要条件

在商品的交换过程中，要体现优质优价、劣质劣价的价格政策，而商品标准就是这样一种衡量商品质量优劣的技术法规，通过鉴定，对照商品标准规定，就可以确定商品品级，并按品级确定商品的价值和价格。

2. 商品标准是商品质量监督的技术依据

商品进入流通领域，必然受到国家和社会的质量监督，质量监督的技术依据就是商品标准。

（三）在对外贸易中的作用

对外贸易工作者只有熟悉本国的商品标准，才能向买方确切地介绍自己的产品，以争取买方按我国商品标准的品质条件订货，而熟悉外国的商品标准，则对制订本国出口商品标准具有重要的参考作用。只有合适的标准才能促成进出口业务顺利进行。

（四）在质量检验及质量监督中的作用

商品质量指标以及相应的检验方法必须配套，否则会产生混乱的结果。质量指标和配套的检验方法都必须依据商品标准来确定。商品标准是确定各方权益的技术评判和管理依据。

（五）在产品质量认证、质量体系认证中的作用

在产品认证中，必须以高级别的商品标准来要求其产品质量。

（六）在标准化中的作用

标准化就是建立标准、贯彻标准、修改标准的一系列活动，标准化的全部过程中都需要借助标准这一工具来支持和运作。

（七）在资源配置中的作用

要达到既提高质量，又充分利用资源，还保护环境，必须在技术上提出对商品质量的要求指标，而商品标准既有技术性，又有强制性的特点，最合适地充当了规范和

协调产量、质量矛盾的技术依据。

三、商品标准的分类

（一）按商品标准的表达形式划分

1. 文件标准

文件标准是用特定格式的文件，通过文字、表格、图样等形式，表达全部或部分商品质量及有关内容的统一规定。绝大多数商品标准都是文件标准。

2. 实物标准

实物标准是指对某些难以用文字准确表达的质量要求（如色泽、气味、手感、质感等），由标准化主管机构或指定部门用实物做成与文件标准规定的质量要求完全或部分（某一方面）相同的标准样品（标样），按一定程序颁发，作为文件标准的补充，它同样是生产、检验、贸易洽谈、收购定价等有关方面共同遵守的技术依据。

图 4-2 文件标准

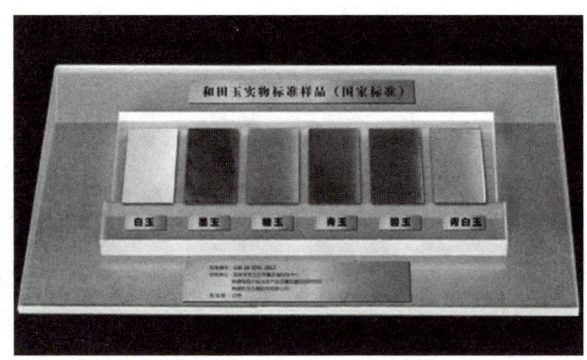

图 4-3 实物标准

（二）按标准的受约束程度划分

1. 强制性标准"GB"

强制性标准又称法规性标准。我国的标准绝大多数是强制性的，一经批准发布，在其规定的范围内，有关方面都必须严格贯彻执行。国家还建立监督机构，对强制性标准的实施情况依法进行有效的监督。下列标准属于强制性标准：

（1）药品标准、食品卫生标准、兽药标准。

（2）产品及产品生产、储运和使用中的安全、卫生标准，劳动安全、卫生标准，运输安全标准。

（3）工程建设的质量、安全、卫生标准及国家需要控制的其他工程建设标准。

（4）环境保护的污染物排放标准和环境质量标准。

（5）重要的通用技术术语、符号、代号和制图方法。

（6）通用的试验、检验方法标准。

（7）互换配合标准。

（8）国家需要控制的重要产品质量标准。

2. 推荐性标准"GB/T"

推荐性标准又称自愿性标准。在实行市场经济体制的国家，大多实行推荐性标准。国家制订的标准，由各企业自愿采用、自愿认证，国家利用经济杠杆鼓励企业采用。如美国、日本、法国、英国、德国等国大多数的标准以及国际标准等。

1985年国务院决定将我国标准体制由单一的强制性标准，改为强制性和推荐性相结合的标准体制。推荐性标准也具有指导生产和交换的作用，但不具有法律约束力。

（三）按商品标准的成熟程度划分

按商品标准的成熟程度不同，可将商品标准分为试行标准与正式标准。试行标准与正式标准具有同样的效用，同样具有法律约束力。试行标准号与正式标准号表示方法相同，只是在封面的右下角要注明"试行年、月、日"。试行标准一般在试行二三年后，经过讨论修订，再作为正式标准发布。

（四）按商品标准的保密程度划分

按商品标准的保密程度不同，可将商品标准分为公开标准和内部标准。

内部标准的代号是在公开标准号后加汉语拼音字母n（内），如GBn表示国家内部标准。

四、商品标准的级别

（一）国家标准

1. 定义

国家标准是指由国务院标准化行政主管部门制定，在全国统一实施的标准。国家标准分为强制性国家标准和推荐性国家标准。

国家标准由国务院标准化行政主管部门编制计划，协调项目分工，组织制定（含修订），统一审批、编号、发布。法律对国家标准的制定另有规定的，依照法律的规定执行。

国家标准的年限一般为5年，过了年限后，国家标准就要被修订或重新制定，以跟上世界同类标准的变化和适应人们生产生活的需求。因此，标准是种动态信息。

2. 制定范围

（1）互换配合、通用技术语言要求。

（2）保障人体健康和人身、财产安全的技术要求。

（3）基本原料、燃料、材料的技术要求。

(4) 通用基础件的技术要求。

(5) 通用的试验、检验方法。

(6) 通用的管理技术要求。

(7) 工程建设的重要技术要求。

(8) 国家需要控制的其他重要产品的技术要求。

(二) 行业标准

1. 定义

行业标准是对没有国家标准而又需要在全国某个行业范围内统一的技术要求所制定的标准。行业标准不得与有关国家标准相抵触。有关行业标准之间应保持协调、统一，不得重复。行业标准在相应的国家标准实施后，即行废止。行业标准由行业标准归口部门统一管理。

2. 分类

行业标准分为强制性行业标准和推荐性行业标准。

下列标准属于强制性行业标准：

(1) 药品行业标准、兽药行业标准、农药行业标准、食品卫生行业标准；

(2) 工农业产品及产品生产、储运和使用中的安全、卫生行业标准；

(3) 工程建设的质量、安全、卫生行业标准；

(4) 重要的涉及技术衔接的技术术语、符号、代号（含代码）、文件格式和制图方法行业标准；

(5) 互换配合行业标准；

(6) 行业范围内需要控制的产品通用试验方法、检验方法和重要的工农业产品行业标准。

(三) 地方标准

1. 定义

地方标准又称为区域标准，是对没有国家标准和行业标准而又需要在省、自治区、直辖市范围内统一的工业产品的安全、卫生要求制定的标准。

地方标准由省、自治区、直辖市标准化行政主管部门制定，并报国务院标准化行政主管部门和国务院有关行政主管部门备案，在公布国家标准或者行业标准之后，该地方标准即应废止。

2. 制定范围

(1) 工业产品的安全、卫生要求。

(2) 药品、兽药、食品卫生、环境保护、节约能源、种子等法律、法规规定的要求。

（3）其他法律、法规规定的要求。

（四）企业标准

1. 定义

企业标准是在企业范围内需要协调、统一的技术要求、管理要求和工作要求所制定的标准，是企业组织生产、经营活动的依据。国家鼓励企业自行制定严于国家标准或者行业标准的企业标准。企业标准由企业制定，由企业法人代表或法人代表授权的主管领导批准、发布。

2. 分类

企业标准有以下几种：

（1）企业生产的产品，没有国家标准、行业标准和地方标准的，制定的企业产品标准。

（2）为提高产品质量和技术进步，制定的严于国家标准、行业标准或地方标准的企业产品标准。

（3）对国家标准、行业标准的选择或补充的标准。

（4）工艺、工装、半成品和方法标准。

（5）生产、经营活动中的管理标准和工作标准。

【知识链接】

国际标准

国际标准是指由国际上有权威的专业组织制订，并为世界上大多数国家承认和通用的标准。通常是指国际标准化组织（ISO）和国际电工委员会（IEC）所制定的标准，以及经国际标准化组织确认并公布的其他国际组织制定的权威标准。

主要有：国际计量局（BIPM）、国际人造纤维标准化局（BISFA）、食品法典委员会（CAC）、关税合作理事会（CCC/CCD）、国际无线电咨询委员会（CCIR）、国际电信联盟（ITU）、国际电气设备合格认证委员会（CEE）、国际原子能机构（IAEA/AIEA）、国际民航组织（ICAO）、国际制冷学会（IIR/IIF）、国际劳工组织（ILO/OIT）、国际兽疫防治局（OIE）、国际法制计量组织（OIML）、联合国教科文组织（UNESCO）、世界卫生组织（WHO/OMS）、世界知识产权组织（WIPO/OMPI）。

五、商品标准的代号

（一）国家标准代号

"GB"——强制性国家标准代号。

"GB/T"——推荐性国家标准代号。

国家标准的编号由国家标准的代号、标准发布顺序号和标准发布年代号（四位数组成），示例如下：

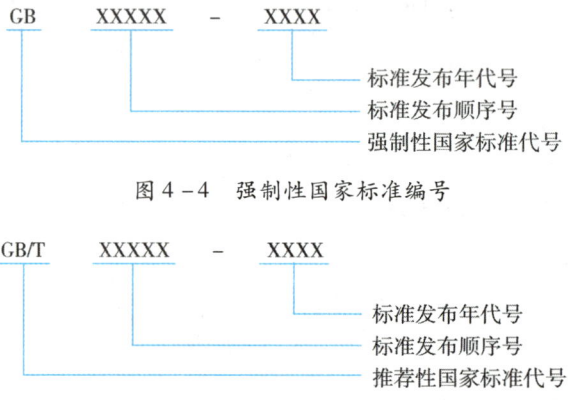

图 4-4　强制性国家标准编号

图 4-5　推荐性国家标准编号

国家实物标准（样品），由国家标准化行政主管部门统一编号，编号方法为国家实物标准代号（汉字拼音大写字母"GSB"）加《标准文献分类法》的一级类目、二级类目的代号及二级类目范围内的顺序号、四位数年代号相结合的办法，如：

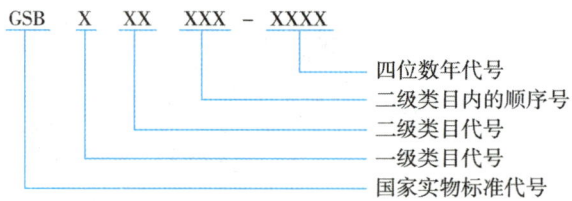

图 4-5　国家实物标准编号

（二）行业标准的代号和编号

1. 行业标准代号

行业标准代号由汉字拼音大写字母组成。由国务院各有关行政主管部门提出其所管理的行业标准范围的申请报告，国务院标准化行政主管部门审查确定并正式公布该行业标准代号。已正式公布的行业代号见表 4-1。

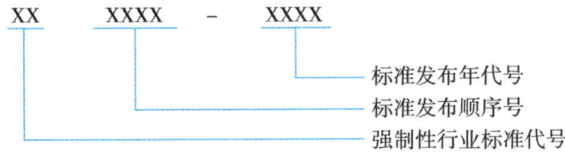

图 4-6 强制性行业标准编号

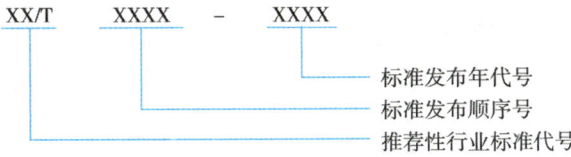

图 4-7 推荐性行业标准编号

2. 行业标准编号

行业标准编号由行业标准代号、标准发布顺序号及标准发布年代号（四位数）组成，示例如下：

表 4-1 正式公布的行业代号

序号	行业标准名称	行业标准代号	序号	行业标准名称	行业标准代号
1	教育	JY	30	金融系统	JR
2	医药	YY	31	劳动和劳动安全	LD
3	煤炭	MT	32	民工民品	WJ
4	新闻出版	CY	33	核工业	EJ
5	测绘	CH	34	土地管理	TD
6	档案	DA	35	稀土	XB
7	海洋	HY	36	环境保护	HJ
8	烟草	YC	37	文化	WH
9	民政	MZ	38	体育	TY
10	地质安全	DZ	39	物资管理	WB
11	公共安全	GA	40	城镇建设	CJ
12	汽车	QC	41	建筑工业	JG
13	建材	JC	42	农业	NY
14	石油化工	SH	43	水产	SC
15	化工	HG	44	水利	SL
16	石油天然气	SY	45	电力	DL
17	纺织	FZ	46	航空	HB
18	有色冶金	YS	47	航天	QJ
19	黑色冶金	YB	48	旅游	LB
20	电子	SJ	49	商业	SB
21	广播电影电视	GY	50	商检	SN
22	铁路运输	TB	51	包装	BB
23	民用航空	MH	52	气象	QX
24	林业	LY	53	卫生	WS
25	交通	JT	54	地震	DB
26	机械	JB	55	外经贸	WM
27	轻工	QB	56	海关	HS
28	船舶	CB	57	邮政	YZ
29	通信	YD			

(三) 地方标准的代号和编号

1. 地方标准代号

由汉字"地方标准"大字拼音"DB"加上省、自治区、直辖市行政区划代码（见表4-2）的前两位数字，再加上斜线 T 组成推荐性地方标准代号，不加斜线 T 为强制性地方标准代号。如：

强制性地方标准代号：DB××

推荐性地方标准代号：DB××/T

2. 地方标准编号

地方标准编号由地方标准代号、地方标准发布顺序号、标准发布年代号（四位数）三部分组成。示例如下：

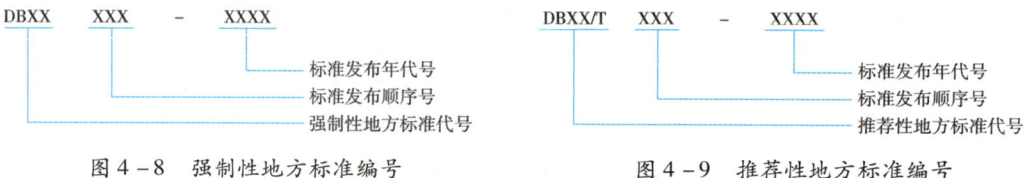

图4-8 强制性地方标准编号　　　图4-9 推荐性地方标准编号

3. 省、自治区、直辖市、特别行政区名称及代码。

省、自治区、直辖市、特别行政区的名称及代码见表4-2。

表4-2 省、自治区、直辖市、特别行政区名称及代码

名称	代码	名称	代码
北京市	110000	湖南省	430000
天津市	120000	广东省	440000
河北省	130000	广西壮族自治区	450000
山西省	140000	海南省	460000
内蒙古自治区	150000	重庆市	500000
辽宁省	210000	四川省	510000
吉林省	220000	贵州省	520000
黑龙江省	230000	云南省	530000
上海市	310000	西藏自治区	540000
江苏省	320000	陕西省	610000
浙江省	330000	甘肃省	620000
安徽省	340000	青海省	630000
福建省	350000	宁夏回族自治区	640000
江西省	360000	新疆维吾尔自治区	650000
山东省	370000	台湾省	710000
河南省	410000	香港特别行政区	810000
湖北省	420000	澳门特别行政区	820000

(四) 企业标准的代号和编号

1. 企业标准代号

企业标准代号由汉字"企"大写拼音字母"Q"加斜线再加企业代号组成,企业代号可用大写拼音字母或阿拉伯数字或两者兼用所组成。企业代号按中央所属企业和地方企业分别由国务院有关行政主管部门或省、自治区、直辖市政府标准化行政主管部门会同同级有关行政主管部门加以规定。示例:Q/。

企业标准一经制定颁布,即对整个企业具有约束性,是企业法规性文件,没有强制性企业标准和推荐性企业标准之分。

2. 企业标准编号

企业标准编号由企业标准代号,标准发布顺序号和标准发布年代号(四位数)组成。示例如下:

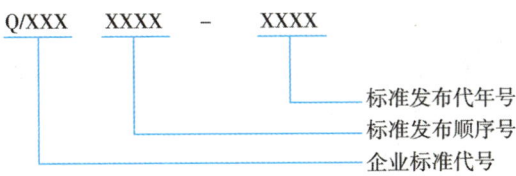

图 4-10 企业标准编号

> **想一想**
>
> 国家标准、行业标准、地方标准及企业标准之间什么关系?

任务二　商品标准的基本内容

概要描述

商品标准是一种具有法规性的文件，为便于使用和管理，国内外对其封面格式、内容编排以及符号和编号等都有统一规定。商品标准包括三方面的要素，即概述要素、标准要素和补充要素，可称之为三大要素。

任务分析

通过对本任务的学习，主要掌握商品标准基本内容的构成。

任务处理

我国商品标准的基本内容包括概述部分、技术内容部分、补充部分三个方面。

一、概述部分

概述部分概括地说明标准化的对象和内容、适用范围以及批准、发布、实施的时间等，包括封面、目录、标准名称、引言等内容。

（1）封面（首面）：列示标准的名称、编号、分类号、批准发布单位、发布和实施日期等。

（2）目录。

（3）标准名称：由标准化对象的名称和标准所规定的技术特征两部分组成。

（4）引言：主要阐述制定标准的必要性主要依据，历次复审修订的日期，修订的主要内容，废除和被代替的标准，以及采用国际标准的程度。

二、技术内容部分

技术内容部分是整个标准化的核心，包括名词术语、符号代号、产品品种规格、技术要求、试验方法、检验规则、标志、包装、运输、储存等内容。

（1）主题内容、适用范围：简要说明标准的主要内容及其适用范围。

（2）引用标准：主要说明标准中直接引用的标准和本标准必须配套使用的标准，并列出标准的编号和名称。

（3）术语、符号和代号。

（4）商品分类：指商品分类的原则和分类表示方法。

（5）技术要求：是保证商品使用要求而必须具备的技术性能方面的规定，也是指导生产、流通、使用和对商品检验的主要依据。

（6）试验方法：是评定商品质量的具体做法，是对商品质量是不是符合标准而进行检测的方法、程序和手段所做的统一规定。

（7）检验规则：是对商品如何进行验收（包括出厂检验、验收检验和监督检验）做出的具体规定。

（8）标志、包装、运输和储存：了使商品从出厂到交付使用的过程中不受到损失所做的规定。

三、补充部分

商品标准补充部分是对标准条文所做的必要补充说明和提供使用的参考资料，包括附录和附加说明两部分。

（1）附录。

（2）附加说明：制定和修订标准中的一些说明事项。

任务三 标准化和商品标准化

本任务主要阐述了标准化及商品标准化的概念，标准化及商品标准化的作用等。

通过学习让学生掌握标准化和商品标准化的概念，了解标准化的目的及商品标准化的内容及作用，从而让学生掌握标准化及商品标准化在具体实践中的应用。

一、标准化

（一）标准化的概念

标准化是指在经济、技术、科学和管理等社会实践中，对重复性的事物和概念，通过制定、发布和实施标准达到统一，以获得最佳秩序和社会效益。其包括以下两个方面：

（1）上述活动主要包括编制、发布和实施标准的过程。

（2）标准化的主要作用在于为了其预期目的改造产品、过程或服务的适用性，防止贸易壁垒，并促进技术合作。

（二）标准化的作用

标准化的作用主要体现在以下几方面：

（1）标准化是组织现代化生产的重要手段和必要条件。

（2）标准化是合理发展产品品种、组织专业化生产的前提。

（3）标准化是公司实现科学管理和现代化管理的基础。

（4）标准化是提高产品质量，保证安全、卫生的技术保证。

（5）标准化是国家资源合理利用、节约能源和节约原材料的有效途径。

（6）标准化是推广新材料、新技术、新科研成果的桥梁。

（7）标准化是消除贸易障碍、促进国际贸易发展的通行证。

> **想一想**
>
> 标准化有哪些好处？

二、商品标准化

（一）商品标准化的概念

商品标准化是指在商品生产和流通加工的各个环节中制定、发布，以及实施商品标准的活动。推行商品标准化的最终目的是达到统一，从而获得最佳市场秩序和社会效益。商品标准化的内容包括：名词术语统一化，商品质量标准化，商品零部件通用化，商品品种规格系列化，商品质量管理与质量保证标准化，商品检验与评价方法标准化，商品分类编码标准化，商品包装、储运、养护标准化等。

（二）商品标准化的具体内容

1. 商品质量的标准化

其指要求按照统一的技术标准进行商品生产和检验，并对同类所有商品进行质量评定。

2. 商品品种规格的系列化

其指将同类商品，依据一定的规律，一定的技术要求，按照不同的规格、尺寸等进行合理分档，使之形成系列。

3. 商品零部件的通用化

其指在相互独立的商品体系中，选择和确定具有功能互换性或尺寸互换性的标准零部件。即使同一类商品或不同商品零件、部件的一部分或大部分可相互通用。

4. 技术语言的标准化

其指商品使用的名词、术语、符号、代号等必须统一、简化、明确，以利于提高工作效率，便于相互交流和正确理解。

（三）商品标准化的方式

商品标准化的方式是指商品标准化内容的存在方式，或者是标准化活动的表现形态。商品标准化的主要方式有简化、统一化、系列化、通用化和组合化。

(四) 商品标准化的作用

商品标准化的水平是衡量一个国家或地区生产技术和管理水平的尺度，是现代化的一个重要标志。现代化水平越高越需要商品标准化。商品标准化的作用主要体现在以下几方面：

（1）标准化是组织现代化商品生产和发展专业化协作生产的前提条件。

（2）标准化是实现现代化科学管理和全面质量管理的基础。

（3）标准化是提高商品质量和合理发展商品品种的技术保证。

（4）标准化是合理利用国家资源、保护环境和提高社会经济效益的有效手段。

（5）标准化是推广应用新技术、促进技术进步的桥梁。

（6）标准化是国际经济、技术交流的纽带和国际贸易的调节工具。

议一议

实行商品标准化有什么重要意义？

项目小结

本项目主要介绍了标准、标准化、商品标准、商品标准化的概念，商品标准的分类、级别、基本内容，各级商品标准的代号及编号；商品标准化的内容、方式及标准化和商品标准化的作用等内容。

制定你所在的班级宿舍标准化制度，并组织在本班内具体落实实施，然后与其他班级进行对比，看看效果如何？

项目五 商品检验

【项目介绍】

本项目主要阐述了商品检验的概念、依据、内容,商品检验的方法,商品抽样的概念、原则、要求和方法,商品品级的概念和划分方法,假冒伪劣商品的概念及范围、特征、危害等内容。

【学习目标】

能力目标:通过学习让学生掌握商品检验的具体操作方法、商品抽样的操作方法及商品品级的划分和假冒伪劣商品的鉴别。

知识目标:通过学习让学生了解与掌握商品检验的内容与方法,商品抽样的要求与方法,商品品级划分的方法,假冒伪劣商品的概念、特征、危害和鉴别方法。

社会目标:能够把所掌握的知识运用于社会生产和实践中去,能够进行商品的检验、品级的划分、假冒伪劣商品的检验与识别。

【案例导入】

甲公司从 A 国采购一批特殊器材,该器材指定由国外某检验机构负责检验合格后才能收货。后接到此检验机构的报告,报告称质量合格,但在其报告附注内说明,此项报告的部分检验记录由制造商提供。这种情况下,买方能否以质量合格而接受货物呢?

【案例解析】

买方不能接受货物。因为买方之所以要卖方出具某检验机构签发的商检证书，目的是让商品检验机构检验货物，避免因卖方自己出具发货单而可能出现不真实问题。且商检机构对其签发的商检证书负有保证其真实性的责任。本例商检部门出具的证书，尽管说明质量合格，但又言明部分检验记录由制造商提供，这说明商检机构未尽到自己的责任。对买方来说，接受这种商检证书风险很大。所以买方不能凭此证书接受货物。

任务一　商品检验概述

概要描述

本任务主要阐述了商品检验的概念，商品检验的类别、依据、内容和程序。

任务分析

商品检验是伴随着商品经济的产生发展而逐渐形成的一门应用技术学科。商品检验工作是起始于生产领域，终止于消费领域，以流通领域为重点的一项工作。商品检验重点是对商品的质量、规格、数量、重量、包装以及是否符合安全、卫生要求等内容进行检验，检验一定按照科学的程序进行，并依据相关法规、技术标准、购销合同中所规定的有关条款为准。

任务处理

一、商品检验与商品鉴定

（一）商品检验

1. 商品检验的概念

商品检验是指商品的生产方、销售方或者第三方在一定条件下，借助一定的仪器、器具、试剂或检验者的感觉器官等手段和方法，按照合同、标准，国内国际法律、法规，对商品的质量、规格、重量、数量及包装等方面进行检验，并做出合格与否和等级判定的业务活动。

2. 商品检验的目的与任务

（1）商品检验的目的：任务运用科学的检验技术和方法，正确地评定商品质量。

（2）商品检验的任务：从商品的用途和使用条件出发，分析和研究商品的成分、结构、性质及其对商品质量的影响，确定商品的使用价值；拟定商品质量指标和检验方法，运用各种科学的检测手段评定商品质量，并确定是否符合规定标准的要求；研究商品检验的科学方法和条件，不断提高商品检验的科学性、精确性、可靠性，使商品检验工作更科学化、现代化；探讨提高商品质量的途径和方向，促进商品质量的提高，并为选择适宜的包装、保管和运输方法提供依据。

（二）商品鉴定

1. 商品鉴定的概念

商品鉴定是指评价商品质量的全部工作。

2. 商品鉴定的任务

商品鉴定的任务是从商品的用途和使用条件出发，全面地分析和研究商品的成分、结构、性质以及它们对商品质量的影响，拟定商品的质量指标，评定商品的质量高低，确定可行的科学检验方法和检验条件等。

（三）商品检验与商品鉴定之间的关系

商品鉴定是评价商品质量的全部工作，即对商品满足人们某种需要的程度做出评审和估价。而商品检验工作仅仅是评价和确定商品质量优劣及商品品级。因此，商品检验包含在商品鉴定的工作范围之内，是商品鉴定的一个组成部分。

二、商品检验的类别

（一）按检验主体和目的不同，商品检验可分为生产检验、验收检验和第三方检验

1. 生产检验

生产检验，也称第一方检验，是指商品制造商为了在竞争中得以生存和发展，为了保证商品质量，获得较好的经济效益，对企业的原材料、半成品和成品进行的检验。

2. 验收检验

验收检验，也称第二方检验，是指商品的购买方为了维护自身及消费者的利益，保证其所购商品符合合同或标准规定所进行的检验。

3. 第三方检验

第三方检验，是指处于交易双方利益之外的第三方，以公正、中立的身份，应有关方面的请求或指派，依据有关法律、合同或标准对商品进行的检验。

（二）按检验是否具有破损性，商品检验可分为破损性检验和非破损性检验

1. 破损性检验

破损性检验是指为了对商品进行各项技术指标的测定、试验，经测定、试验后的

商品会遭受破坏，甚至再无法使用的检验。如：纺织品、橡胶产品、皮革制品、纸张制品、食品等的各种力学和微生物学检验。

2. 非破损性检验

非破损性检验是指经过检验的商品仍能发挥其正常使用性能的检验。如：电器、商品的数量、尺寸等检验。

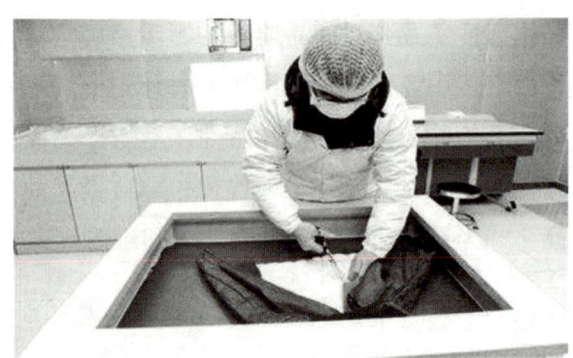

图 5-1　破损性检验

（三）按被检验商品数量的不同，商品检验可分为全数检验、抽样检验和免予检验

1. 全数检验

全数检验是对被检验商品逐一进行的检验。全数检验适合于批量小、质量特征少且质量不稳定、较贵重的商品检验。

优点：它可以提供较多的商品质量信息。缺点：费时、费工、适用性差。

2. 抽样检验

抽样检验是按合同或标准中规定的抽样方案，从被检验商品中随机抽取样品，然后对样品逐一进行测试的检验形式。抽样检验适合于批量较大、质量较稳定的商品检验。

优点：商品数量少，节约检验时间和费用，是普遍适用的方法。缺点：所提供的商品质量信息少，不适用于质量差异程度大的商品。

3. 免予检验

免予检验是指对商品质量保证体系良好、质量控制完备、成品质量长期稳定的生产企业所生产的产品，在企业自检合格后，可以不再检验。

图 5-2　免检产品标志

图 5-3　免检证书

产品"免检"的条件主要是：第一，产品质量长期稳定，企业有完善的质量保证体系；第二，产品市场占有率、经济效益在本行业内排名前列；第三，产品标准达到或者严于国家标准、行业标准要求；第四，产品经省级以上质量技术监督部门连续三次以上（含三次）监督检查均为合格；第五，产品符合国家有关法律法规和国家产业政策。

产品"免检"后的待遇主要有：第一，在免检有效期内，国家、省、市、县各级政府部门均不得对其进行质量监督检查；第二，在全国各个省均不得对其进行质量监督检查；第三，无论是生产领域，还是流通领域均不得对其进行质量监督检查。

【知识链接】

不能申请免验的商品

1. 食品、动植物及其产品；
2. 危险品及危险品包装；
3. 品质波动大或散装运输的商品；
4. 需出具检验检疫证书或者依据检验检疫证书所列重量、数量、品质等计价结汇的商品。

三、商品检验的依据

（一）商品质量法规

商品质量法规包括商品检验管理法规、产品质量责任制法规、计量管理法规、生产许可证及产品质量认证管理法规等。

（二）技术标准

技术标准是指规定和衡量标准化对象技术特征的标准。

（三）购销合同

一旦发生质量纠纷，购销合同的质量要求，即为仲裁、检验的法律依据。但是，购销合同必须符合《中华人民共和国合同法》的要求。

四、商品检验的内容

（一）包装检验

包装检验是指根据购销合同、标准和其他有关规定，对进出口商品或内销商品的外包装和内包装以及包装标志进行的检验。

(二) 品质检验

品质检验亦称质量检验，是运用各种检验手段，包括感官检验、化学检验、仪器分析、物理测试、微生物学检验等，对商品的品质、规格、等级等进行检验，确定其是否符合贸易合同（包括成交样品）、标准等规定。

(三) 卫生检验

卫生检验主要是根据《中华人民共和国食品安全法》《化妆品卫生监督条例》《中华人民共和国药品管理法》等法规，对食品、药品、食品包装材料、化妆品、玩具、纺织品、日用器皿等进行的卫生检验，检验其是否符合卫生条件，以保障人民健康和维护国家信誉。

(四) 安全性能检验

安全性能检验是根据国家规定和外贸合同、标准以及进口国的法令要求，对进出口商品有关安全性能方面的项目进行的检验，如易燃、易爆、易触电、易受毒害、易受伤害等，以保证生产使用和生命财产的安全。

(五) 数量和重量检验

商品的数量和重量检验内容包括商品的个数、件数、长度、面积、体积、容积、重量等。

五、商品检验的程序

(一) 商品检验的一般程序

商品质量检验程序一般由定标、抽样、检验、判定、处理五大步骤组成。

定 标 ⟶ 抽 样 ⟶ 检 验 ⟶ 判 定 ⟶ 处 理

图 5-4 商品检验的一般程序

定标是指检验前根据合同或标准规定，明确技术要求，掌握检验手段和方法，拟定商品检验计划。

抽样是指按合同或标准规定的抽样方案，抽取样品，使样品对商品批总体具有充分的代表性，同时对样品进行合理的维护。

检验是指在规定要求的环境下，使用一定的检验设备和条件，采用测量、测试、试验等检验方法，检测样品的质量特性。

判定是指通过将检测的结果与合同及标准要求的技术指标进行对照，根据合格判定原则，对被检商品合格与否做出判定。

处理是指对检验结果出具检验报告，反馈质量信息，对不合格商品做出处理。

(二) 商品检验的工作流程

商品检验的工作流程如图 5-5 所示。

接受报检 ⟶ 抽 样 ⟶ 检 验 ⟶ 签 证 ⟶ 放行

图 5-5　商品检验的工作流程

任务二　商品检验的方法

概要描述

本任务主要阐述了商品检验的方法——感官检验法及理化检验法。

任务分析

本任务重点是会运用感官检验法和理化检验法对商品进行科学、及时与准确的检验，获取准确的结果。

任务处理

一、感官检验法

（一）感官检验法的概念

感官检验法是借助人体正常的感觉器官，结合实践经验对商品进行检验的方法。它包括视觉检验法、嗅觉检验法、味觉检验法、触觉检验法和听觉检验法五种。感官检验法具有快速、经济实用、简便易行，不需特殊的专用仪器、设备和场所等优点。

（二）感官检验法的类型

1. 视觉检验法

视觉检验法是利用人的视觉器官来检验商品质量的一种方法。通过观察商品的外形、结构、色泽、试样，以及凡是能用肉眼辨别的品质项目，评价商品质量。

例如，对某些蔬菜、水果，只要看它们的外形和颜色，就能确定它们的成熟度和新鲜度；对玻璃、搪瓷等，其外观疵点是确定其质量的先决条件。

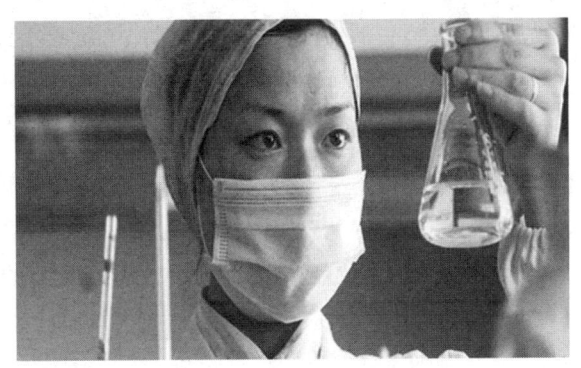

图 5-6　视觉检验

2. 味觉检验法

味觉检验法是利用人的味觉器官来检验商品质量的一种方法。它主要用于食品商品的检验,是通过品尝食品的滋味、风味来评价食品的质量和人们的嗜好。

图 5-7　味觉检验

图 5-8　嗅觉检验

3. 嗅觉检验法

嗅觉检验法是利用人的嗅觉器官来检验商品质量的一种方法。它主要用于有气味的商品的感官检验。它可检验食品、洗涤用品、化妆品等商品。嗅觉检验对检验变质发霉的商品特别有效,没有任何仪器能替代人的嗅觉功能。

进行嗅觉检验时,应注意检验场所和检验器具的清洁卫生,防止异味的干扰,否则会影响检验的准确性。

4. 触觉检验法

触觉检验法是利用人的触觉器官来检验商品质量的一种方法。它主要是通过手触及商品时的感觉来评价商品的质量,通常称手感。

手能对商品的冷暖感、软硬度、弹塑性、平滑程度等特征,产生一定的感觉。如通过感觉棉花的冷暖可判断其含水量,通过手感可判断纺织品的柔软性和弹性等。

5. 听觉检验法

听觉检验法是利用人的听觉器官来检验商品质量的一种方法。它是通过耳朵对商品在外力触动下发出声音来评价商品的质量。

听觉检验法的适用范围：检验各种乐器的音质好坏；检验各种机械用具、家用电器等的运行是否正常，有无噪音；检验玻璃、搪瓷、陶瓷、金属等的质量有无损伤；检验粮食含水的多少，西瓜是否成熟等。

利用听觉检验商品质量，要根据商品的性能和特点，选择具体的技术方法，同时要求环境安静、听力集中、商品的放置要妥当等，否则会影响到检验的准确性。

二、理化检验法

理化检验法是借助于化学试剂和专门仪器来检验商品质量的方法。理化检验往往在实验室或专门场所进行，故也称作实验室检验法。理化检验法分为化学检验法和物理检验法。

（一）化学检验法

化学检验法是根据商品试样对加入的某种化学试剂所产生的化学反应的结果，来检验商品的成分和化学性质的方法。

化学检验法按商品检验的目的分为定性分析法和定量分析法两类。

1. 定性分析法

定性分析法是测定商品化学成分的种类和性质的方法。它主要是根据化学反应结果所呈现的特征，来确定商品含有的化学成分和性质。例如，通过测定食品的营养成分和有害成分，判断食品的营养价值和危害性；测定纺织品纤维的成分，判断其纤维的种类和纺织品的质量。

2. 定量分析法

定量分析法是测定商品成分含量的方法。它是在商品定性分析的基础上对商品化学成分进行的量的分析。例如，食品的营养成分、钢的含碳量、食品器皿的微量成分等，国家标准中都有明确的规定。

图 5-9 化学检验

定量分析法主要有无机分析与有机分析、常量分析与微量分析、容量分析与重量分析之分。

（二）物理检验法

物理检验法是根据物理学原理，利用各种仪器或机械来检验商品物理性质的方法。商品物理检验法主要有度量衡、光学、热学、电学和力学等检验方法。

1. 度量衡检验法

度量衡检验法是通过各种度量衡器具对商品的长度、细度、体积、重量等物理量的测定，来确定商品质量的方法。例如，棉花的长度、羊毛的细度等，与商品的品质关系密切。

图 5-10　物理检验

2. 光学检验法

光学检验法是通过各种光学仪器对商品的成分、结构和性质的测定，来确定商品质量的方法。主要的光学仪器有显微镜、放大镜、折光仪、旋光计、光谱分析仪器等。例如，用显微镜观察纺织纤维的形态，用放大镜观察纺织品的织纹组织和结构，用旋光计测定糖的旋光度，用气相色谱、液相色谱、原子吸收分光光度计分析商品的成分及含量等。

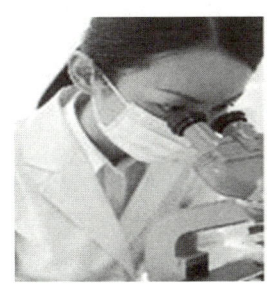 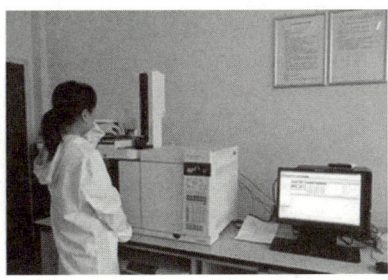 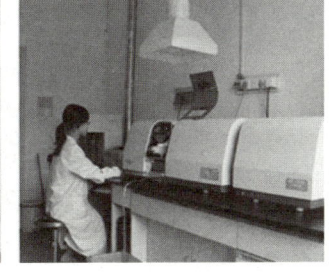

图 5-11　光学检验

3. 热学检验法

热学检验法是通过各种热学仪器对商品的熔点、凝固点、沸点、耐寒耐热性的测定，来确定商品质量的方法。它主要用来分析商品在一定的温度下商品状态和机械性能的变化。

4. 电学检验法

电学检验法是利用电学仪器测定商品电学特性的一种检验方法。通过商品的某些电学特性，如电阻、电容等的测量，还可以间接测定商品的其他质量特性，如吸湿性、材质的不均率等。

5. 力学检验法

力学检验法是通过各种器械对商品施加一定的外力，测定商品的强度、硬度、弹塑性、伸长率、脆性等机械性能，来确定商品质量的方法。

（三）生物学检验法

生物学检验法主要是用于对食品、动植物及其制品、医药类商品进行的检验，它包括微生物学检验和生理学检验。

任务三 商品抽样

概要描述

本任务主要阐述了商品抽样的概念、原则、要求与方法。

任务分析

本任务重点是商品抽样的要求与方法的应用,难点是抽样方法的实践应用。

任务处理

一、商品抽样的有关概念

(一) 抽样

抽样是指从被检验商品中按照一定的方法采集样品的过程。即在检验整批商品质量时,用一定的方法,从中抽取具有代表性的一定数量的样品,作为评定这批商品质量的依据。这种抽取样品的工作,称为商品抽样,又称拣样、扦样等。

(二) 商品批、批量

具有大致相同的生产加工条件,生产时间大致相同的同等级、同种类、同规格尺寸、同原料工艺的产品可组成商品批。一批商品中每个单位商品的性质、功能彼此接近。该批商品的单位商品数量称为批量。

二、商品抽样的原则与要求

(一) 商品抽样的原则

1. 代表性原则

代表性原则是指被抽取的一部分商品必须具备整批商品的共同特征,以使鉴定结果能成为决定此大量商品质量的主要依据。

2. 典型性原则

典型性原则是指被抽取的样品能反映整批商品在某些（个）方面的重要特征，能发现某种情况对商品质量造成的重大影响。

3. 适时性原则

适时性原则是指针对成分、含量、性能、质量等会随时间或容易随时间的推移而发生变化的商品，要求及时地抽样并进行鉴定。

（二）商品抽样的要求

商品抽样的要求如下：

第一，抽样应当依据抽样对象的形态、性状，合理选择抽样工具与样品容器。抽样工具、容器必须清洁，不含被检验成分，供微生物检验的样品应无菌操作。

第二，外地调入的产品，抽样前应检查有关证件，如商标、货运单、质量检验证明等，然后检查外表，包括检查包装以及起动日期、整批数量、产地厂家等情况。

第三，按各类商品的抽样要求抽样，注意抽样部位分布均匀，每个抽样部位的抽样数量（件）保持一样。

第四，抽样的同时应做好抽样记录。内容包括抽样单位、地址、仓位、车间号、日期、样品名称、样品批号、样品数量、抽样者姓名等。

第五，抽取的样品应妥善保存，保持样品原有的品质特点。抽样后及时检验。

三、商品抽样的方法

常用的商品抽样方法有简单随机抽样法、分层随机抽样法、多段随机抽样法和规律性随机抽样法。

（一）简单随机抽样法

1. 简单随机抽样法的概念

简单随机抽样法是指在一批同类商品中随机拣取若干试样的方法。这时任何一个商品都有机会被拣取做试样。

2. 简单随机抽样法的优点

简单随机抽样法方法简单，随机性强，对发现商品的共同性缺陷行之有效。

3. 简单随机抽样法的适用条件

简单随机抽样法的适用条件有：总体单位分布比较均匀，各单位变量值差异不大；总体单位数较少，各单位排列无次序；抽到的样本单位数较分散时，不影响调查效果。

4. 简单随机抽样法的类型

（1）直接抽样法：检验人员在现场不加选择地随机拣取试样。直接抽样法适用于总体单位数较少的总体。如从 A 班学生的《市场营销》作业中直接随机抽取若干作为样本进行检查。

（2）抽签法：先将商品编号，然后将号码写在纸签上，折叠好纸签并混匀后随机抽取或用器械摇出中选号码，商品编号与中选号码相同的商品即为试样。

抽签时，每次从中抽出 1 个号签，连续抽取 n 次，就得到一个容量为 n 的样本。

（3）随机数表法：先将商品编号，再运用随机数表，从任何一行或任何一列开始，向任何方向数过去。把属于编号范围的数字号码，作为中选号码。

【案例】

A 生产企业对生产的洗衣机质量进行检验，决定从 40 台产品中抽取 10 台进行检查，在利用随机数表抽取这个样本时，可以按下面的步骤进行：

第一步，先将 40 台产品编号，可以编为 00，01，02，…，38，39。

第二步，在随机数表中任选一个数作为开始，例如从第 8 行第 6 列的数 70 开始。

第三步，从选定的数 70 开始向右读下去，得到两个两位数字号码 10，23，将它们取出；继续下去，98 由于 98 大于 39，将它去掉；继续向右读，得到 05，将它取出；继续下去，又得 85，11，34，76，60，76，48，45，34，60，01，64，18，39，96，36，67，10，08，由于 85，76，60，48，45，64，96，67 都大于 39，将它们去掉；34，10 出现重复，将它们去掉，随后剩余符合条件的两位数字号码依次是 11，34，01，18，39，36，08。至此，10 个样本号码已经取满，于是，所要抽取的样本号码是：10，23，05，11，34，01，18，39，36，08。

```
96 76 28 12 54   22 01 11 94 25   71 96 16 16 88   68 64 36 74 45   19 59 50 88 92
43 31 67 72 30   24 02 94 08 63   88 32 36 66 02   69 36 88 25 39   48 08 45 15 22
50 44 66 44 21   66 06 58 05 62   68 15 54 35 02   42 35 48 96 32   14 52 41 52 48
22 66 22 15 86   26 63 75 41 99   58 42 36 72 24   58 37 52 18 51   03 37 18 39 11
96 24 40 14 51   28 22 30 88 57   95 67 47 29 88   94 69 40 06 07   18 16 36 78 86
31 73 91 61 19   60 20 72 98 48   98 57 07 28 69   65 95 39 69 58   56 80 30 19 44
78 60 73 99 84   43 89 94 36 45   56 69 47 07 41   90 22 91 07 12   78 35 34 08 72
84 37 90 61 56   70 10 23 98 05   85 11 34 76 60   76 48 45 34 60   01 64 18 39 96
36 67 10 08 23   98 93 35 08 86   99 29 76 29 81   88 34 91 58 93   63 14 52 32 52
07 28 59 07 48   89 64 58 89 75   83 85 62 27 89   30 14 78 56 27   86 63 59 80 02
10 15 83 87 60   79 24 31 66 56   21 48 24 06 93   91 98 94 05 49   01 47 59 38 00
55 19 68 97 65   03 73 52 16 56   00 58 55 90 27   33 42 29 38 87   22 13 88 83 34
```

图 5-12　随机数表

（二）分层随机抽样法

1. 分层随机抽样法的概念

分层随机抽样法是指先将一批同类商品划分为若干部分，然后从每份中随机拣取若干试样的方法。一般地，当总体由差异明显的几个部分组成时，宜采用分层随机抽样法。

2. 分层随机抽样法的优点

商品在生产过程中发生质量缺陷往往是间隔出现的，采取分层随机抽样法，能克服简单随机抽样法可能会漏掉集中性的缺陷。

例如，商品生产的不同时间，产品的质量会有差别，因此，利用分层随机抽样，先按不同班次将商品分层，再在每个班次生产的商品中随机抽取试样。

（三）多段随机抽样法

多段随机抽样法是指把一批同类商品先划成若干部分，用简单随机抽样法随机拣取几个部分，然后再从所拣出的每个部分中随机拣取若干个商品的方法。最后，将上述拣出的所有商品集中起来即为试样。

（四）规律性随机抽样法

1. 规律性随机抽样法的概念

规律性随机抽样法是指按一定规律从整批同类商品中拣取样品的方法。它对同批或同类商品一般按顺序进行编号，即1、2、3、4、5……，按自然数进行排列。

2. 规律性随机抽样法的操作步骤

规律性随机抽样法的操作步骤如下：

（1）按简单随机抽样法从0~9确定一个中选号码作为样品的第一个。

（2）通过公式"$S=$总商品个数/样品个数"，确定抽样距离S。

例如，如果中选号码为8，则被选出的样品号码为：8，8+S，8+2S，8+3S……8+nS。

四、抽样过程注意事项

在抽样过程中应注意以下几点：

第一，应注意保护拣出的样品，妥善保管，防止变形、沾污、干燥、潮湿、挥发、氧化等现象发生，确保样品的代表性。

第二，为了防止出现差错，还应在盛放样品的容器上附贴标志，注明品名、标记、批次、数量、抽样件号、抽样日期、抽样人员、测试项目等。

【想一想】

现用简单随机抽样法从含有 6 个个体的总体中抽取一个容量为 2 的样本,问:

(1) 总体中的某一个体 a 在第一次抽取时被抽到的概率是多少?

(2) 个体 a 在第 1 次未被抽到,而第 2 次被抽到的概率是多少?

(3) 在整个抽样过程中,个体 a 被抽到的概率是多少?

任务四　商品的品级

概要描述

本任务主要阐述了什么是商品品级以及商品品级的划分原则与方法。

任务分析

通过对商品品级的确定，可以将同一商品因质量不同划分为不同的等级，从而确定其价值的高低和适用范围，做到物尽其用。不同商品品级划分的方法不尽相同，一般有百分法和限定法两种，在选择时，应根据商品本身的特点和性质来确定。

任务处理

一、商品品级的确定

商品品级（商品质量等级、商品质量分级）是指对同一品种的商品，按其达到商品质量标准的程度所确定的等级。一般来说，工业品分三个等级，而食品特别是农副产品、土特产等多分四个等级，最多达到六七个等级，如茶叶、棉花、卷烟等。

二、商品品级的划分

（一）商品品级的划分原则

按照国家《工业产品质量分等导则》有关规定，商品质量水平划分为优等品、一等品和合格品、不合格品四个等级。

1. 优等品

优等品是指商品的质量标准必须达到国际先进水平，且实物质量水平与国外同类产品相比达到近五年内的先进水平。

2. 一等品

一等品是指商品的质量标准必须达到国际一般水平，且实物质量水平达到国际同类产品的一般水平。

3. 合格品

合格品是指按照我国一般水平标准组织生产，实物质量水平必须达到相应标准的要求。

4. 不合格品

不合格品是指按照我国一般水平标准组织生产，实物质量水平未达到相应标准的要求。

优等品和一等品等级的确认，须有国家级检测中心、行业专职检验机构或受国家、行业委托的检验机构出具的实物质量水平的检验证明。合格品由企业检验判定。

（二）商品品级划分的方法

商品质量分级的方法很多，一般有百分法和限定法两种方法。百分记分法分数越高，商品质量越高；限定记分法分数越高，商品质量越差。

1. 百分法

百分法是将商品各项质量指标规定为一定的分数，重要指标占高分，次要指标占低分。如果各项指标都符合标准要求，或认为无瑕可挑的，则打满分，某项指标欠缺则在该项中相应扣分。全部合格为满分100分。

如酒的评分方法，满分为100分。

白酒：色—10分、香—25分、味—50分、风格—15分。

啤酒：色—10分、香—20分、味—50分、泡沫—20分。

2. 限定法

限定法是将商品各种疵点规定一定的限量，又可分为限定记分法、限定数量和程度法。

（1）限定记分法。将商品品种疵点规定为一定的分数，由疵点分数的总和确定商品的等级，疵点分数越高，则商品的等级越低。这种方法一般在日用工业品中采用。

例如，纺织品以长40米、宽110厘米的本色棉布的布面上，视其疵点打分、评分累积限度为：

一等品　不大于　　10分

二等品　不大于　　20分

三等品　不大于　　60分

等外品　大　于　　60分

（2）限定数量和程度法。在标准中规定，商品每个等级限定疵点的种类、数量和疵点的程度。如日用工业品中全胶鞋质量指标共有13个感官指标，其中，鞋面起皱或麻点在一级品中规定"稍有"，二级品中规定"有"，鞋面砂眼在一级品中规定"不许有"等。

任务五 假冒伪劣商品

概要描述

本任务主要阐述了假冒伪劣商品的概念、范围、特征和危害,并对假冒伪劣商品的识别做了说明。

任务分析

假冒伪劣商品是假冒伪劣的物质产品,其具有不真实性因素和社会危害性。要了解假冒伪劣商品的范围和特征,掌握假冒伪劣商品的识别方法,以便于在日常生活消费过程中杜绝假冒伪劣商品,减少其对自己造成的危害和不良影响;同时也应自觉抵制假冒伪劣商品的生产、经营与销售,做一位合法的公民。

任务处理

一、假冒伪劣商品的概念及范围

(一)假冒伪劣商品的概念

假冒伪劣商品是指生产、经销的商品,违反了我国现行法律、行政法规的规定,其质量、性能指标达不到我国已发布的国家标准、行业标准及地方标准所规定的要求,或是冒用、伪造他人商标,冒用优质产品标志、质量认证标志和生产许可证标志等无标生产的产品,或是经销已经失去了使用价值的商品。

(二)假冒伪劣商品的范围

假冒伪劣商品的具体范围包括以下十四大类别的商品:

(1)失效、变质的商品。
(2)危及安全和人身健康的商品。

(3) 所标明的指标与实际不符的商品。

(4) 冒用优质或认证标志和伪造许可证标志的商品。

(5) 掺杂使假、以假充真或以旧充新的商品。

(6) 国家有关法律、法规明确规定禁止生产、销售的商品。

(7) 无检查合格证或无有关单位销售证明的商品。

(8) 未有中文标明商品名称、生产者和产地的商品。

(9) 限日期使用而未标失效时间的商品。

(10) 实施生产许可证管理而未标明许可证编号、有效期的商品。

(11) 按有关规定应用中文标明规格、等级、主要技术指标或成分、含量而未标明的商品。

(12) 属处理品而未在商品或包装的显著部位标明"处理品"字样的商品。

(13) 剧毒、易燃等危险品而没有标明有关标识的商品。

(14) 未标明商品的有关知识和使用说明的商品。

二、假冒伪劣商品的特征

(一) 假冒商标

假冒商标是指假冒国外名牌和国内名牌的商标。假冒国际知名品牌俗称贴牌、高仿。

(二) 仿冒商标

仿冒商标是指仿冒国外和国内名牌商品的商标标志。例如，旺子和旺仔。

图 5-13 仿冒商标

(三) 假冒包装装潢

假冒包装装潢是指假冒国内外商品包装和装潢以及使用虚假说明。

(四) 假冒产地

假冒产地是指不印厂家名称和厂址，或在商品包装极不明显的地方印上含糊不清的厂名和厂址，冒充受消费者欢迎地区的商品。

（五）假冒优质产品标志

假冒优质产品标志是指在没有获得优质产品标志的商品包装上印有该种标志。

（六）仿造认证标志

仿造认证标志是指对没有取得认证合格的商品包装上印有该种标志。

（七）仿造生产许可证标志

仿造生产许可证标志是指对没有取得生产许可证的商品，伪造一个生产许可证印在商品包装上。

（八）商品本身质量低劣

商品本身质量低劣是指商品在设计上没有科学依据，或使用不合格的原材料，或生产过程粗制滥造，最终技术指标不合格或安全性能达不到标准要求的商品。

（九）掺杂使假

掺杂使假是指违法者采用变更或减少商品的成分、材质等办法，使其不具备该商品所应达到的各项指标，且质量严重降低的商品。例如，假香油、地沟油。

（十）以假充真

以假充真是指违法者生产经营的商品的全部成分或材质与该商品所标名称不符。例如，假鸡蛋。

（十一）失效变质

失效变质是指原合格商品在流通销售过程，超过规定的保质期和保存期，商品内部已经发生物理、化学及其他变化，完全失去商品原有特性，已经丧失使用价值而不能使用或食用的商品。

（十二）以旧充新

以旧充新是指将已报废的商品进行一番粉饰，然后仍以新商品进行出售。

三、假冒伪劣商品的识别

（一）假冒伪劣商品的识别方法

一般来讲可以通过以下方法进行假冒伪劣商品的识别：

第一，从产品包装上鉴别。名优产品包装用料质量好，装潢印刷规范，有固定颜色和图案，套印准确，图案清晰，形象逼真。伪劣商品一般包装粗糙，图案模糊，色彩陈旧，包装用料材质差。

第二，从商标上鉴别。（1）完全假冒。商品商标不仅名称一样，而且图案色彩也完全一样。(2) 图相似、名称近似。图案相似，名称相近，甚至用同音字，用来达到以假乱真、混淆视听的效果。(3) 变换商标图案颜色或图案略有差异，名称不同。

第三，从标志上识别。

第四，利用感官鉴定。

(二) 假冒伪劣商品的鉴别要点

1. 认准商标标识

我国名优商品都使用经国家工商行政管理局登记注册的商标。真品商标为正规厂家印制，商标纸质好，印刷美观，精细考究，文字图案清晰、色泽鲜艳、纯正、光亮，烫金精细。而假冒商标是仿印真品商标，由于机器设备、印刷技术差，与真品商标相比，往往纸质较差，印刷粗糙，线条、花纹、笔划模糊，套色不正，光泽差，色调不分明，图案、造型不协调，版面不洁，无防伪标记。

2. 查看商品标识

根据《产品质量法》第十五条规定，产品或其包装上的标识应符合下列要求：(1) 有产品质量检验合格证明；(2) 有中文标明的产品名称，生产厂厂名和厂址；(3) 根据产品特点和使用要求，需要标明产品规格、等级、所含主要成分名称和含量的，都应予以标明；(4) 限期使用的产品，要标明生产日期和安全使用期或者失效日期；(5) 使用不当，容易造成产品本身损坏或者可能危及人身、财产安全的产品，应有警示标志或者中文警示说明。

假冒伪劣商品的标识一般不是正规企业生产，外包装标识或残缺不全，或乱用乱写，或假冒优质奖标记，欺骗消费者。

3. 检验商品特有标记

部分名优商品在其特定部位还有特殊标记，如飞鸽、凤凰、永久三大国产名牌自行车，在车把、车铃、车座、衣架、车圈等处均有特殊标记。部分名优烟、酒包装上的商品名称系用凹版印刷，用手摸有凹凸感，而假冒产品名称在包装上字体较平，无凹凸感。

4. 检查商品生产厂名

一些传统名优商品，以地名命名商品名称的，往往同一种商品生产厂家很多但正宗传统名优商品只此一家，因而要认准厂名。如正宗名优"德州扒鸡"，厂家是中国德州扒鸡总公司，注册商标是德州牌。正宗名优"金华火腿"，上面印有"浙江省食品公司制"和"金华火腿"，而虽有"金华火腿"印章，生产厂家并非"浙江省食品公司"的，多为冒牌货。

5. 检查液体商品的透明度

如，除黄酒和药酒允许有正常的瓶底聚集物外，其他酒在常温下均为清亮透明，无悬浮物，无沉淀。而用肉眼观察兑水的白酒，酒液浑浊不透明；兑水的啤酒颜色暗淡不清亮透明。又如，乳剂农药在正常情况下不分层，不沉淀。

6. 看商品的色泽

如，对农作物的种子和谷物，可看颜色是否新鲜而有光泽，籽粒大小是否均匀；正常的卷烟烟丝应色泽油润而有光泽，受潮的烟丝则失去光泽，发暗；优质禽畜生肉，肌肉颜色鲜艳、有光泽，脂肪为白色，而劣质品肌肉颜色灰暗、无光泽，脂肪发灰，呈褐色。

7. 看商品的烧灼情况

粉剂农药取 10 g 点燃后，如冒白烟，说明有效；若极易燃烧，且冒浓黑烟，说明是假农药。香烟烟支点燃后，能自燃 40 mm 以上者为正常，否则是受潮，或烟丝质量差。

8. 看商品的发霉、潮湿、杂质、结晶、形状、结构情况

药品和食品有发霉情况的应禁止销售和使用。粉状商品（如面粉、药粉、水泥等）出现团块的，表明受潮失效或变质。

9. 手感

手握饱满干燥的谷物及农作物的种子，应感到光滑顺手，插入种子堆（包）时阻力小，感觉发凉；如手握感到松软，插入时阻力大的，则籽粒不饱满，含水量大。检查香烟时，可用手捏，名牌条装烟从外面轻捏会感觉很硬，冒牌条装烟里面往往是软纸包装的杂牌次烟，轻捏就觉得纸软。检查烟支时可用手捏，感到烟丝有弹性的为正常；手感疲软、容易弯曲的是受潮，发脆的则是干燥。

10. 听感

罐头有漏听或胖听的不能食用。胖听罐头盖部凸起，用手叩击能听到空虚鼓音。手搓香烟烟支，能听到轻微沙沙声是正常的表现；如果柔而无声表明香烟已受潮，沙沙作响的是过于干燥了。

11. 嗅感

凡食品、药品鼻嗅有霉味、酸败味、异味的，马口铁罐头有金属味的，均不能再食用或服用。

12. 味感

名牌香烟吸入后气味醇正，口感舒适；劣质烟有苦、辣、霉味、土腥味、杂气重。名酒香气突出，醇厚丰满，回味悠长，大多能空杯留香；兑水的白酒品尝时口感香味寡淡，尾味苦涩；兑水的啤酒品尝时口感香味、滋味淡薄，感觉不到酒花香气，味道

欠纯正。

13. 检查商品供货渠道

国家规定部分商品只能由特定部门经销。如国务院规定，各级农资公司是化肥流通主渠道，农业植保站、土肥站、农技推广站（简称"三站"）和化肥生产企业自销为化肥流通辅助渠道，其他任何单位和个人，一律不得经营化肥。经销农作物种子要有"三证一照"。"三证"是检验种子质量的检验合格证、种子经营许可证和调入种子检疫证。"一照"是指经销单位的营业执照。

14. 检查商品认证标志

假冒进口彩电后盖上的商检安全标志从颜色、字体上也可乱真，但尺寸略小，而且没有防伪暗记。真皮标志 A 型尺寸为 3.5 cm×5 cm，用于皮鞋及小皮件；B 型尺寸为 7 cm×5 cm，用于皮衣及大皮件（具），而且在标版正面、反面共有六项保密措施，从而为识别真伪提供了有力的技术依据。

四、假冒伪劣商品的危害

假冒伪劣商品具有以下危害：

（1）对人体健康和生命财产安全造成严重威胁。

（2）给消费者造成精神和物质上的损失。

（3）给工农业生产造成破坏。

（4）极大地损害名优企业。

（5）扰乱了正常的市场秩序。

（6）使国家形象严重受损。

> **议一议**
>
> 假冒伪劣商品会对你产生哪些不良影响？

项目小结

本项目主要讲述了商品检验的概念、依据、内容和方法，商品抽样的概念、原则、要求和方法，商品品级的概念和划分方法，伪劣商品的定义、范围、特征与识别等内容。

西瓜感官检验实训

（一）实训项目教学的目的与要求

要求学生通过对西瓜的感官检验，熟悉感官检验的分类和特点。

（二）实训项目教学内容

1. 感官检验法的分类：视觉检验、嗅觉检验、味觉检验、触觉检验和听觉检验。
2. 感官检验的常用方法：分析和描述性检验。

（三）实训项目教学的实训操作程序

要求学生自己对西瓜进行感官检验，通过听觉和味觉，对西瓜的成熟度和甜度进行鉴别，然后对不同品种的西瓜感官检验指标做相互比较。

实训项目教学的场所：课堂。

实训项目教学的用具：各种西瓜若干。

项目六　商品包装

【项目介绍】

　　商品包装和商标是产品整体概念的一部分。包装在保护商品、提供便利、促进销售和提高商品价值等方面有着重要的作用；商标在区别商品、监督商品和服务质量、参与企业竞争和广告宣传等方面具有重要的作用。基于对包装和商标重要作用的认识，本项目系统介绍了有关商品包装和商标的相关知识。

【学习目标】

　　能力目标：结合实际能区分运输包装和销售包装的种类和相关标志；能区分不同类型的商标；能系统了解各种包装材料的性能特点。

　　知识目标：掌握商品包装的概念和功能；掌握商品包装标志的内容及作用；掌握商品包装设计的基本原则；掌握商标的作用和设计原则。

　　社会目标：了解和掌握商品包装和商标的相关知识，为以后从事相关商品包装和商标设计等的经济活动打下良好的基础，以便更好地服务消费者和社会。

【案例导入】

　　有一个在郑国卖珠宝的楚国人。他用名贵的木兰雕了一只装珠的匣子，将匣子用桂椒调制的香料熏制，用珠宝和宝玉点缀，用美玉连结，用翡翠装饰，用翠鸟的羽毛连缀。有个郑国人把匣子买了去，却把匣子里面的珠子还给了他，这可以说，这个珠宝商人很善于卖盒子，而不善于卖珠宝。

【案例解析】

　　一个人买下了盛珍珠的匣子，却退还了匣子里的珍珠。用这个典故来比喻没有眼光，取舍不当的人。但今天我们重新审视这个典故，倒是觉得真正吸引郑国人的是商品精美的包装。由此可见，商品的包装有多么重要。

【讨论】

1. 有人说：现在的商品是"货卖一张皮"，只要用一流精美华丽的包装，哪怕质量仅为二流、三流，也一定能卖个好价钱。你同意这种说法吗？请举例说明。

2. "只要商品质量好，就不愁没销路"的营销观点，你赞成吗？请举例说明。

任务一　商品包装概述

本任务主要阐述了商品包装的概念、功能及商品包装的分类。

商品包装既是一门技术也是一门艺术，好的包装在保护商品、提供便利、促进销售及提高商品价值等方面有着重要的作用。要想充分发挥包装的功能和作用，必须了解包装的相关知识。

任务处理

一、商品包装的概念及其功能

（一）商品包装的概念

国家标准 GB/T4122.1 – 2008 中对包装下了明确的定义："为在流通过程中保护产品，方便储运，促进销售，按一定技术方法而采用的容器、材料及辅助物等的总体名称。也指为了达到上述目的而采用容器、材料和辅助物的过程中施加一定技术方法等的操作活动。"其他国家或组织对包装的含义有不同的表述和理解，但基本意思是一致的，都以包装功能和作用为其核心内容，一般有两重含义：

1. 关于盛装商品的容器、材料及辅助物品，即包装物；
2. 关于实施盛装和封缄、包扎等的技术活动。

商品包装具有技术性和艺术性双重特性。从实体构成来看，任何一个商品包装，都是采用一定的包装材料，通过一定的技术方法制造的，都具有各自独特的结构、造型和外观装潢。包装材料、包装技术、包装结构造型和包装装潢是构成包装实体的四大要素。包装材料是包装的物质基础,是包装功能的物质承担者;包装技术是实现包装保护功能、保证内装商品质量的关键;包装结构、造型是包装材料和包装技术的具体形式;包装装潢是通过画面和文字美化、宣传和介绍商品的主要手段。

(二) 商品包装的功能

商品包装在商品从生产领域转入流通领域和消费领域的过程中起着非常重要的作用,其主要功能有:保护商品、提供便利、促进销售和提高商品价值等。

1. 保护商品

包装最重要的作用就是保护商品。商品在贮存、运输及消费过程中常会遇到各种不利条件的破坏和影响。采用合理的包装可以使商品免受或减少这些破坏或影响,以达到保护商品的目的。包装不仅保护商品本身,也可以保护环境。

2. 提供便利

包装能为生产、流通、消费等环节提供诸多方便性。从广义上讲,产品没有包装就不能储运和销售。包装可使生产厂家方便生产过程;使运输部门方便调运;使仓库贮存部门保管方便;使零售商店方便销售;也使消费者方便购买。

3. 促进销售

包装直接影响到该商品在市场上的竞争力,是商品"无声的推销员"。精美的包装不仅能美化商品,而且能在心理上征服购买者;形象的图案能增加人们的购买欲望;简明的文字说明能使消费者了解商品的用途、用法、品级、规格、注意事项等。包装通过简明的文字和美丽的图案、色彩、造型来介绍商品和提高商品的外观吸引力,防止"好货无人识"的现象发生。

4. 提高商品价值

包装是商品生产的继续。包装所用的劳动力是社会必要劳动的一部分。投入包装的劳动及所消耗的生产资料的价值结合在商品上,不但能在出售时得到补偿,而且能给商品另外增加价值。

【案例】

茅台酒

1915年的巴拿马国际博览会上,我国名酒茅台酒,因为包装粗糙,造型不雅,让外国人瞧不起,没有进入预选行列,在这紧要关头,我国参展商急中生智,"不慎"将一瓶茅台酒打烂在地,顿时香气四溢,吸引了所有的人,征服了评审官的心,才使茅台酒"金榜题名""笑傲国际市场"。这则故事说明,当时的"茅台人"缺乏商品的整体概念,只重视了商品的内在质量,而忽略了商品的外在质量。

它告诉我们，在现代市场营销中，要内在质量和外在质量一起抓，做到"好马配好鞍"，好商品一定要有好包装。如果仍坚持"只要商品质量好，就一定有销路"的老观念，仍坚持"金玉其中，败絮其外"的做法，其结果必然是重蹈茅台酒之覆辙。

议一议

你有被商品包装打动而购买商品的经历吗？

二、商品包装的分类

商品包装种类繁多，根据习惯常有下列几种分类方法：

按包装形态不同分，有内包装、中包装和外包装；按运输方式不同分，有铁路货物包装、公路货物包装、船舶货物包装和航空货物包装等；按包装在流通中的功能分，有运输包装和销售包装；按包装的材料分，有木箱包装、纸袋包装、麻布袋包装、塑料包装、金属包装、玻璃包装、陶瓷包装和复合材料包装等；按包装商品分，有食品包装、药品包装、液体包装、粉粒包装、危险品包装等；按包装技术和方法分，有收缩包装、真空包装、充气包装、防潮包装、防锈包装和缓冲包装等。

本节将重点介绍最常见的，也是比较主要的包装种类，即运输包装和销售包装。

（一）运输包装

运输包装又称商品的大包装或外包装，主要功能是方便运输和储存，具有保障商品安全、方便储运装卸和加速交接与点验等作用。

运输包装的特点是容积大，结构坚固，标志清晰，搬运方便。合理的运输包装方法应做到，在不影响质量的前提下，压缩轻泡商品体积，大型货物拆装，形状相似的商品套装，并加衬垫缓冲材料等。

商品的运输包装一般有散装、裸装和包装三种形式。散装是指不需要也不必要进行包装，而直接将商品装载在运输工具内的包装方式，如石油、煤炭、原盐等均可采用这种方式。裸装是指那些自然成件，产品能抵抗外界作用，在储运过程中可以保持原状，不必包裹的包装方式，如钢板、原木等均可采用这一方式。包装是指需要外加包裹物，使商品形成包、箱、袋、桶或捆件等形状的包装方式。除了可采用散装和裸装的商品外，大多数商品都要经过包装方可运输。

常用的运输包装形式主要有:

1. 箱型包装

箱型包装主要有纸箱和木箱。

纸箱是用瓦楞纸制成的包装箱。纸箱的特点是:重量轻,成本低,牢固,开启方便,防尘,便于捆扎、搬运,易于折叠平放,占地面积少,可回收复用。

木箱包装是用木板、胶合板或纤维板为原料制成木制箱型包装。木箱的优点是:耐压、耐震,体积大、载重量大,可重复使用。缺点是:成本高,重量大、笨重,不易开启,占地面积大。

2. 桶型包装

运输包装中的桶型包装有金属桶、木桶、纸桶、塑料桶及纸板合成桶等。

金属桶有铁桶、马口铁桶、铁塑桶等。金属桶具有坚固耐用、防渗漏、防腐蚀等功能。

用作运输包装的木桶有胶合板桶、纤维板桶、松木桶等。木桶具有透湿、隔潮的功能。

塑料桶主要用于盛装化工产品。特点是质轻、耐腐蚀、不易破碎。

3. 袋型包装

袋型包装主要有麻袋、布袋、纸袋、塑料袋等。袋型包装广泛应用于谷物、豆类、砂糖、化工原料、化学肥料以及粉状、颗粒状或块状商品的包装。

4. 集合包装

集合包装具有提高港口装卸效率,减轻劳动强度,节省装运费用,保护商品,减少损耗和促进商品包装标准化等优点。集合包装主要有集装袋、集装箱、托盘组合包装三种类型。

(1) 集装袋。它是指用塑料重叠丝编织成的包装袋。其优点是重量轻、柔软可折叠、体积小、装载量大。每袋可载 1~4 吨的货物,并能重复使用。

(2) 集装箱。它是用钢材、铝合金板、纤维板等材料制作的集中装载大量货物的大型包装容器(见图 6-1)。其优点是安全、简便、迅速、节约,便于机械和自动化装卸。它可载 5~40 吨各类商品,常用于铁路、公路和海上远程运输。

(3) 托盘组合包装。它是用木材、塑料、金属材料或玻璃纤维等制成的垫板,有平面式托盘、箱式托盘、立柱式托盘、滑片托盘等几种形式(见图 6-2),有的可重复使用。其优点是耐腐蚀,卫生性好,节省费用,减少商品损耗,载重量在 0.5~2 吨之间。

图6-1 集装箱式样　　　　　　图6-2 托盘式样

(二) 销售包装

销售包装又称小包装。它是用于直接盛装商品并同商品一起出售给消费者的小型包装。

销售包装的特点是能够保护商品，美化商品，宣传商品，便于商品陈列展销，便于消费者识别、选购、携带和使用，是增加商品附加价值的手段。

销售包装的类型很多，一般可按其主要功能来分，有使用方便的包装方式，有便于选购、携带和陈列展销的包装方式等。具体如：收缩包装、贴体包装、速冻包装、保鲜包装、隔热包装、真空包装、充气包装、无菌包装、防虫包装、防潮包装、防震包装、防锈包装、喷雾包装、易拉瓶包装、按钮包装、可食包装、蒸煮包装、礼品包装、透明包装、开窗包装、携带式包装、可折叠包装、展开式包装、悬挂式包装、配套包装、组合包装等。

下面介绍几种常用的销售包装款式：

1. 悬挂式包装

悬挂式包装是当前最流行的包装方式之一，主要有：纸卡式，多用于小手工工具和厨房用品等的包装；泡罩式，多用于玩具、文教用品、工艺品及各式胸花等的包装；贴体式，多用于日用品、打火机、小刀、办公用具等的包装；袋装式，多用于日常工具、旅行用具等的包装（见图6-3）。

图6-3 悬挂式样

2. 透明、开窗式包装

透明、开窗式包装多用于高级服装、内衣、毛衣、工艺品等的包装。此包装便于消费者观察，易引起消费者购买欲望、兴趣，盒面上配有精美图案，能突出商品的特点。(见图6-4)

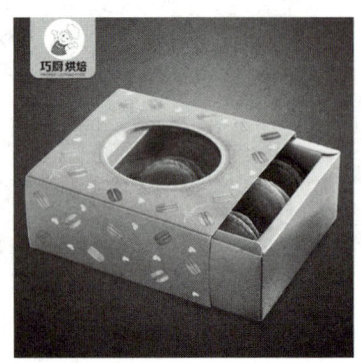 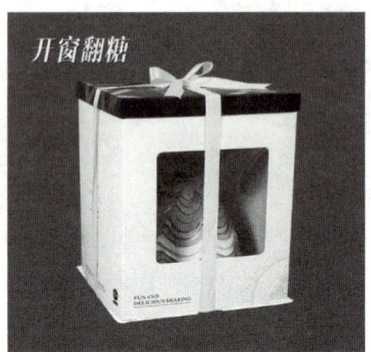

图6-4 透明、开窗式包装

3. 配套包装和组合包装

配套包装是将各种相互配合的商品包装在一起，便于消费者购买和使用。如成套化妆品、床上用品、文教用品等常用这种包装。组合包装是将几种不同品种的商品组合在一起，成组出售，例如，罐头食品、酒类、饮料、调味品、小食品、快餐面等。

4. 分散包装

与配套包装相反，分散包装就是将原来的整件的商品分成小包装，主要用于食品、药品等的包装。

5. 礼品包装

礼品包装是用特制的装饰材料将商品包、扎起来，使礼品显得精美、大方、典雅、高贵、不同寻常。礼品包装越来越被人们所青睐。

谈一谈

销售包装有什么特点？

任务二 商品包装材料

概要描述

本任务主要阐述了包装材料应具备的性能、常用的包装材料以及这些包装材料具有的性能特点。

任务分析

商品包装的形式五花八门，所选用的包装材料也各种各样，每种包装材料都有其各自的性能和特点。要做好包装，充分发挥好包装的作用，在遵循质优、体轻、面广、合理、节约、无毒、无害、无污染的原则下，选择恰当的、适合商品本身的包装材料就显得格外重要。本任务就是介绍各种常见的包装材料以及这些包装材料的主要性能和特点，目的就是为了更好地生产商品服务。

任务处理

一、包装材料应具备的性能

包装材料应具有：保护性能、加工操作性能、外观装饰性能、方便使用性能、节省费用性能、易处理性能等。

（一）保护性能

保护性能主要指保护内装物，防止其变质，保证质量，同时也对商品的相关人群和环境起到保护作用。在选择包装材料时，应注意包装材料的机械强度、防潮吸水性、耐腐蚀性、耐热耐寒性、透光性、透气性、防紫外线穿透性、耐油性、适应气温变化性、无毒无异味等性能指标。

（二）加工操作性能

加工操作性能主要是指易加工、易包装、易充填、易封合，且适合自动包装机械操作。在选择包装材料时，应注意包装材料的强度、柔韧性、耐磨性、抗水性、热合性和防静电性等性能指标。

（三）外观装饰性能

外观装饰性能主要指材料的形、色、纹理的美观性，能产生陈列效果，提高商品身价和激发消费者购买欲望。在选择包装材料时，应注意包装材料的透明度、表面光泽、印刷适应性，防静电等性能指标。

（四）方便使用性能

方便使用性能主要指便于开启和取出内装物，及便于再封闭。在选择包装材料时，应注意包装材料的开启性能、安全性能、不易破裂等性能指标。

（五）节省费用性能

节省费用性能主要指经济合理地使用包装材料。在选择包装材料时，应注意节省包装材料费用、包装机械设备费用、劳动费用、包装效率、自身重量等。

（六）易处理性能

易处理性能主要指包装材料要有利于环保，有利于节省资源。在选择包装材料时，应注意包装材料的可回收性、循环使用性或可再生性等。

二、主要包装材料及其性能特点

包装材料是商品包装的物质基础，选择包装材料必须遵循质优、体轻、面广、合理、节约、无毒、无害、无污染的原则。商品包装的材料很多，常用的有塑料、纸和纸制品、木材、金属、玻璃、复合材料、纤维织物以及其他材料等。

（一）塑料

塑料包装是指各种以塑料为原料制成的包装的统称。塑料包装具有质轻、透明、不同的强度和弹性、折叠及封合方便、防水防潮、防渗漏、易于成型、可塑性与气密性好、防震、防压、防碰撞、耐冲击、化学稳定性能好、易着色、可印刷、成本低等优点。但塑料难以降解，易造成环境污染。其包装主要有：塑料桶、塑料软管、塑料盒、塑料瓶、塑料薄膜、塑料编织袋等。

塑料包装材料中应用最广泛的是聚乙烯、聚氯乙烯、聚丙烯、聚苯乙烯、聚酯等。

（二）纸和纸制品

当今社会最主要的包装材料是纸和纸制品，其用量约占整个包装材料的40%，其中以瓦楞纸使用最为广泛。纸的最大优点是轻便、无味无毒、卫生性好、强度适宜、易于黏合印刷、便于机械化生产、不会造成公害、取材容易、价格低廉等。纸的缺点是撕破强度低、易变形。纸制包装容器有纸板箱、瓦楞纸箱、纸盒、纸袋、纸桶、纸筒、纸杯、纸盘及纸浆模制包装等。

（三）木材

在我国很早就使用木材做包装材料。其特点是强度高、坚固、耐压、耐冲击、化学和物理性能稳定、易于加工、不污染环境等，是大型和重型商品常用的包装材料。缺点是木材易于吸收水分，易变形开裂，易腐蚀，易受白蚁蛀蚀，加之受资源限制、价格高等因素的影响，限制了木材在包装中的应用。木材包装主要有：木箱、木桶、木匣、木轴和木夹板、纤维板箱、胶合板箱、托盘等。

（四）金属

金属作为包装材料历史悠久。其特点是：结实牢固、耐碰撞、不透气、不透光、不透水、抗压、机械强度优良。常用的金属有黑白铁皮、马口铁、钢板、铝板铝合金、铝箔等。金属包装主要有金属桶、金属盒、罐头听、金属软管、油罐、钢瓶等。金属包装多用于机器、液体、粉状、糊状等商品的包装。

（五）玻璃

玻璃属无机硅酸盐。其特点是：透明、清洁、美观、有良好的机械性能和化学稳定性、易封闭、价格较便宜、可多次周转使用、资源丰富。其缺点是耐冲击强度低，碰撞时易破碎，自身重量大，运输成本高，能耗大等，限制了玻璃的应用。玻璃包装容器常见的有瓶、罐、缸等。玻璃包装广泛用于酒类、饮料、罐头、调味品、药品、化妆品、化学试剂等商品的销售包装。

（六）复合材料

复合材料包装是以两种或两种以上材料紧密复合制成的包装，通过复合以改进单一材料的性能，发挥更多材料的优点。主要由塑料与纸、塑料与铝箔、塑料与铝箔和纸、塑料与玻璃、塑料与木材等材料复合制成。复合材料具有更好的机械强度、气密性、防水、防油、耐热或耐寒、容易加工等优点，是现代商品包装材料的发展方向，特别适用于食品的包装。

（七）纤维织物

纤维织物主要有麻袋、布袋、布包等。适合盛装颗粒状和粉状商品。其优点是强度大、轻便、耐腐蚀、易清洗、不污染商品和环境、便于回收利用等。

（八）其他

用树条、竹条、柳条编的筐、篓、箱以及草编的蒲包、草袋等，具有可就地取材、成本低廉、通气性好的优点。适宜包装生鲜商品、部分土特产和陶瓷产品等。

任务三 商品包装设计与包装技术

概要描述

本任务主要阐述了包装设计的概念，包装设计的基本原则，常用的销售包装技术和运输包装技术。

任务分析

包装设计是一门涉及社会的、心理的、科学的等多门学科知识的综合艺术，包装设计包括造型设计、结构设计、装潢设计等内容；在包装设计的过程中要遵循包装设计的原则和要求，尽可能做到包装设计的合理化，实用化。除此之外，本任务还介绍了几种常见的包装技术。

任务处理

一、商品包装设计

（一）包装设计的概念

包装设计是以商品的保护、使用、促销为目的，将科学的、社会的、艺术的、心理的诸多要素综合起来的专业技术和能力。其内容主要有造型设计、结构设计、装潢设计等。

包装造型设计是运用美学法则，用有型的材料制作，占有一定的空间，具有实用价值和美感效果的包装形体，是一种实用性的立体设计和艺术创造。

包装结构设计是从包装的保护性、方便性、复用性、显示性等基本功能和生产实际条件出发，依据科学原理对包装外形构造及内部附件进行的设计。

包装装潢设计不仅旨在美化商品，而且旨在积极能动地传递信息、促进销售。它是运用艺术手段对包装进行的外观平面设计，其内容包括图案、色彩、文字、商标等。

(二) 包装设计的基本原则

1. 适用性

含义：一是对被包装商品（如体积、性能等）的适应性；二是对各流通环节（如装卸、运输、储存、销售等）要求的适应性；三是对商品及包装最终使用者的适应性。这是商品包装设计的总原则。

2. 安全性

要求：保证内装商品的完好和质量；对接触包装的相关人员无安全隐患（包括包装生产、流通、销售、处理等过程的有关人员）。

3. 方便性

要求：要便于生产、物流、销售、使用。

4. 美观性

要求：对包装的造型、色彩、图案和文字，运用各种技术手段，提高其美观艺术性。

5. 适销性

要求：适应消费者（个人、地区、国家、民族、宗教等）在图案、色彩、文字、习惯、法律等方面的要求，促进产品的销售。

6. 经济性

要求：适度包装，避免过弱和过度包装。

7. 标准化

要求：包装设计要适应运输、装卸、堆码、储存等环节要求，实现包装的标准化和模数化。

8. 环境友好性

要求：包装设计既要保证商品包装的功能性完整，又要尽可能减少包装对环境的不良影响，具体体现在包材选择、加工工艺、使用、废弃处理等方面。

除了要遵守上述基本原则之外，在商品包装设计过程中，还要做到如下一些要求：

(1) 包装设计要突出内装商品，主题分明；

(2) 包装设计要风格独特，不落俗套；

(3) 包装设计要寓意美好，且含蓄深远；

(4) 包装设计要注意对不同地区、不同民族文化背景的研究；

(5) 包装设计要注意美化与实用相结合；

(6) 包装设计要注意各部分的协调一致。

二、销售包装技术

包装技术（工艺）是指实现包装功能的技术方法，包括销售包装技术和运输包装技术。

商品的销售包装是使产品同包装体形成一个整体，随着商品一同出售给消费者的，因此，商品的销售包装不仅要求能够保护商品，方便运输，而且还要求能美化商品，便于宣传商品，方便消费者识别、选购、携带和使用。因此，商品的销售包装通常要求包装后便于陈列展销、便于识别及便于消费者携带和使用，具有艺术吸引力。主要有泡罩、贴体、收缩、拉伸、真空、充气、脱氧、防虫、无菌、防伪包装等包装技术。

（一）泡罩包装

泡罩包装是将商品封合在用透明塑料薄片制成的泡罩与底板之间的包装方法。主要有两个构件组成：一是刚性或半刚性的塑料透明罩壳；二是用塑料、铝箔或纸板作为原料的底板。罩壳和底板之间可用粘接、热合或钉装等方式组合。按泡罩不同可分为泡眼式、罩壳式和浅盘式。特点：透明、直观、商品固定、保护性好、便于展销、携带和使用。适用于药品、小五金、小日用品、儿童玩具等商品的包装。

（二）贴体包装

贴体包装是将产品放在透气、用纸板或塑料薄片（膜）制成的底板上，上面覆盖有加热软化的塑料薄片（膜），通过底板抽真空，使薄片（膜）紧贴货物，同时以热熔或胶粘的方式使薄片（膜）与底板黏合的包装。贴体包装不像吸塑包装那样，需要按产品的形状开吸塑模具，其不论被包装的产品形状如何，均能直接包装。包装后的产品，由于塑料薄膜和底板紧紧粘连，可有效地防止假冒产品，因此目前正日益取代传统吸塑包装。贴体包装广泛用于五金、百货、工具、元器件、工艺品、医疗器械，旅游纪念品等领域。

（三）收缩包装

收缩包装就是用收缩薄膜裹包物品（或内包装件），然后对薄膜进行适当加热处理，使薄膜收缩而紧贴于物品（或内包装件）的包装技术方法。（见图6-5）

收缩薄膜是一种经过特殊拉伸和冷却处理的聚乙烯薄膜，由于薄膜在定向拉伸时产生残余收缩应力，这种应力受到一定热量后便会消除，从而使其横向和纵向均发生急剧收缩，同时使薄膜的厚度增加，收缩率通常为30%~70%，收缩力在冷却阶段达到最大值，并能长期保持。

适用：食品、日用工业品、纺织品、手工业品、玩具等既可用于销售包装，也可用于运输包装；既可用于单件包装，也可用于多件商品的托盘包装。

图 6-5 收缩包装

（四）拉伸包装

拉伸包装是由收缩包装发展而来的。拉伸包装是依靠机械装置在常温下将弹性薄膜围绕被包装件拉伸、紧裹，并在其末端进行封合的一种包装方法。由于拉伸包装不需进行加热，所以消耗的能源只有收缩包装的二十分之一。拉伸包装可以捆包单件物品，也可用于托盘包装之类的集合包装。

（五）真空包装

真空包装也称减压包装，是将物品装入气密性容器，在容器封口前抽真空，使密封后的容器内部保持一定真空度的包装方法。将包装容器内的空气全部抽出密封，维持袋内处于高度减压状态，空气稀少相当于低氧效果，使微生物没有生存条件，以达到果品新鲜、无病腐发生的目的。目前应用的有塑料袋内真空包装、铝箔包装、玻璃器皿、塑料及其复合材料包装等。可根据物品种类选择包装材料。由于果品属鲜活食品，尚在进行呼吸作用，高度缺氧会造成生理病害，因此，果品类使用真空包装的较少。

特点：抑制微生物繁殖；可缩小体积；提高杀菌效果。

适用：包装食品，包装服装。

（六）充气包装

充气包装是指将产品装入气密性包装容器，抽真空（或不抽真空），再充入保护性气体（一般为氮气、二氧化碳），然后将包装密封的一种包装方法。简言之，是用脱气或充气技术，除去包装体系中的氧，改善包装内产品周围的气氛，防止或减弱产品化学或生物化学反应发生，从而达到保护产品目的的一种包装方法。

适用：包装食品，如肉类、水果；包装金属制品。

（七）脱氧包装

脱氧包装又称除氧封存剂包装。即利用无机系、有机系、氢系三类脱氧剂，除去密封包装内游离态氧，降低氧气浓度，从而有效地阻止微生物的生长繁殖，起到防霉、防褐变、防虫蛀和保鲜的目的。脱氧包装适用于某些对氧气特别敏感的制品。

脱氧包装，是继真空包装和充气包装之后出现的一种新型除氧包装方法。脱氧包装是在密封的包装容器中，使用能与氧气起化学作用的脱氧剂与之反应，从而除去包装容器中的氧气，以达到保护内装物的目的。脱氧包装方法适用于某些对氧气特别敏感的物品，适用于那些即使有微量氧气也会促使品质变坏的食品包装中。

（八）防虫包装

防虫包装是为保护内装物免受虫类侵害而采取一定防护措施的包装。如在包装材料中掺入杀虫剂，有时在包装容器中也使用驱虫剂、杀虫剂或脱氧剂，以增强防虫效果。

防虫包装技术是通过各种物理的因素（如光、热、电、冷冻等）或化学药剂作用于害虫的肌体，破坏害虫的生理机能和肌体结构，劣化害虫的生活条件，促使害虫死亡或抑制害虫繁殖，以达到防虫害的目的。这里的害虫主要指仓库害虫。

主要技术有：高温防虫害包装技术；低温防虫害包装技术；电离辐射防虫害包装技术；微波与远红外线防虫害包装技术；化学药剂防虫害包装技术。

（九）无菌包装

将商品和包装容器分别杀菌，然后在无菌室进行包装和密封。无菌包装包括包装材料的无菌、包装产品的无菌、包装环境的无菌和包装后完整封合四个要素。无菌包装材料一般有金属罐、玻璃瓶、塑料容器、复合罐、纸基复合材料、多层复合软包装等几种。

常用的杀菌方法有：热力杀菌（巴氏杀菌、超高温杀菌和高温短时杀菌）、紫外线杀菌、微波杀菌、化学方法（如过氧化氢）杀菌等。

（十）防伪包装

防伪包装目前有两种方式，一种是直接把标识贴在包装上，一种是与包装融合为一体，也就是防伪包装一体化。防伪包装的防伪技术多种多样。

防伪包装从最初的"贴膏药"（加贴防伪标识）的方式正在向包装材料防伪和包装设计防伪印刷方向转变。包装防伪方法主要有：包装盒上加贴防伪标签；包装盒上加贴防伪防揭封条封口；包装盒外使用激光全息薄膜封装；包装盒内容物防伪（防伪保修卡、防伪证明、防伪客户服务卡、防伪授权书、防伪说明书、防伪安装指南、防伪安装协议书等）；包装容器本身的专利设计防伪；包装容器外部印刷二维码，通过联网扫描查询。

三、运输包装技术

运输包装技术是将运输包装体和产品（包括小包装）形成一个有机的整体，目的是以最低的物质消耗和资金消耗，保证产品完整地抵达用户收货地。主要有缓冲、防潮、防锈、防霉、防水、危险品包装技术。

（一）缓冲包装

缓冲包装又称为防震包装，是为了减缓内装物受到冲击或振动，保护其免受损坏而采取一定防护措施的包装。缓冲包装方法分为全面缓冲、部分缓冲和悬浮式缓冲三类。

全面缓冲包装方法是将产品的周围空间都加缓冲材料衬垫的包装方法。

部分缓冲包装方法是仅在产品或内包装的拐角或者局部地方使用缓冲材料衬垫。部分缓冲有天地盖、左右套、四棱衬垫、八角衬垫、侧衬垫几种。

悬浮缓冲包装是用绳索、弹簧等将产品或内包装容器悬吊在包装箱内，通过弹簧、绳索的缓冲作用保护货物，一般适用于极易受损，价值较高的产品，如精密机电产品、仪器、仪表等。常用的缓冲包装材料有泡沫塑料、木丝、弹簧等。

发泡包装是缓冲包装的较新方法，它是通过特制的发泡设备，将能生产塑料泡沫的原料直接注入内装物与包装容器之间的空隙处，约经几十秒钟即引起化学反应，进行50~200倍的发泡，形成紧裹内装物的泡沫体。对于一些形体复杂或小批量的商品最为合适。

（二）防潮包装

防潮包装是选用防潮材料，对货物进行包装，以防止空气中的潮气对内装货物的影响，使包装内的相对湿度符合产品要求，从而保护货物质量。防潮包装的主要形式有：在内装物外面包裹防潮纸、塑料薄膜等；在包装容器内壁加衬防潮纸、塑料薄膜等；采用密封包装容器，容器内预先排湿、抽成真空或放干燥剂。

一定厚度和密度的包装材料，可以阻隔水蒸气的透入，其中金属和玻璃的阻隔性最佳，防潮性能较好；纸板结构松弛，阻隔性较差，但若在表面涂上防潮材料，就会具有一定的防潮性能，塑料薄膜有一定的防潮性能，但它多由无间隙、均匀连续的孔穴组成，并在孔隙中扩散造成其透湿特性。透湿强弱与塑料材料有关，特别是加工工艺、密度和厚度的不同，其差异性较大。为了提高包装的防潮性能，可用涂布法、涂油法、涂蜡法、涂塑法等方法。

（三）防霉包装

防霉包装是为了防止内装物霉变影响质量而采取一定防护措施的包装，它除防潮措施外,还要对包装材料进行防霉处理。防霉包装必须根据微生物的生理特点,改善生产和控制包装储存等环境条件,达到抑制霉菌生长的目的。

第一,要尽量选用耐霉腐和结构紧密的材料。第二,要求容器有较好的密封性,因为密封包装是防霉的重要措施,如采用泡罩、真空和充气等严密封闭的包装,既可阻隔外界潮气侵入包装,又可抑制霉菌的生长和繁殖。第三,采用药剂防霉的方法,可在生产包装材料时添加防霉剂,或用防霉剂浸馈包装容器和在包装容器内喷洒适量防霉剂。第四,可采用气相防霉处理。另外,还可以高温灭菌法,冷冻包装等都可以防霉。

(四) 防锈包装

防锈包装是为防止金属制品锈蚀而采用一定防护措施的包装。防锈包装可以采用在金属表面进行处理;可采用氧化处理(俗称发蓝)和磷化处理(俗称发黑)的化学防护法;可采用涂防锈油脂、涂防锈漆和气相防锈(是采用挥发性缓蚀剂,在密封包装条件下对金属表面进行防锈的技术)等方法。此外,还可采用普通塑料袋封存、收缩或拉伸塑料薄膜封存、可剥离性塑料封存(是将加上腐蚀抑制剂的可塑性树脂在金属表面形成塑料薄膜,在薄膜的防潮性和薄膜中所含有的防锈剂的共同作用下,达到防锈效果)和茧式防锈包装、套封式防锈包装,以及充氮和干燥空气等封存法防锈。

(五) 保鲜包装

保鲜包装是采用固体保鲜剂法和液体保鲜剂法对果实、蔬菜进行保鲜的包装。固体保鲜剂法是将保鲜剂装入透气小袋封口后再装入内包装,以吸附鲜果、蔬菜散发的气体而延缓后熟过程。液体保鲜剂法是将鲜果浸入鲜果浸涂液后取出,表面形成一层极薄的可食用保鲜膜,这样既可堵塞果皮表层呼吸气孔,又可起到防止微生物侵入和隔温、保水的作用。

硅窗转运箱保鲜包装,是采用塑料密封箱加盖硅气窗储运鲜果、鲜菜、鲜蛋的保鲜方法。硅气窗又称人造气窗,在塑料箱、袋上开气窗,有良好的调节氧气、二氧化碳浓度、抑制鲜菜果和鲜蛋的呼吸作用,延长储存期。

任务四 商品包装标志

概要描述

本任务主要阐述了商品销售包装标志和商品运输包装标志的内容及其作用。

任务分析

销售包装标志包括一般标志、质量标志、使用方法及注意事项标志、产品的性能指示标志、销售包装的特有标志、产品的原材料和成分标志、使用说明等；运输包装标志包括运输包装收发货标志、包装储运图示标志、危险品货物包装标志等。这些商品包装标志在识别商品，迅速准确地运输货物，避免差错，加速流转等方面具有重要的作用。

任务处理

为了便于商品的流通、销售、选购和使用，在商品包装上通常都印有某种特定的文字或图形，用以表示商品的性能、储运注意事项、质量水平等含义，这些具有特定含义的图形和文字称为商品包装标志。它的主要作用是便于识别商品，便于准确迅速地运输货物，从而避免差错，加速流转等。

一、商品销售包装标志

商品的销售包装标志一般指附属于商品销售包装的一切文字、符号、图形及其他说明。主要包括下列内容：

（一）销售包装的一般标志

一般商品销售包装标志的基本内容包括：商品名称、生产厂名和厂址、产地、商标、规格、数量或净含量、商品标准或代号、商品条形码等。对已获质量认证或在质量评比中获奖的商品，应分别标明相应的标志。

1. 食品商品

根据 2009 年 6 月 1 日起施行的《中华人民共和国食品卫生法》的规定，食品经营者销售散装食品，应当在散装食品的容器、外包装上标明食品的名称、生产日期、保质期、生产经营者名称及联系方式等内容。预包装食品的包装上应当有标签。标签应当标明下列事项：名称、规格、净含量、生产日期；成分或者配料表；生产者的名称、地址、联系方式；保质期；产品标准代号；贮存条件；所使用的食品添加剂在国家标准中的通用名称；生产许可证编号；法律、法规或者食品安全标准规定必须标明的其他事项。专供婴幼儿和其他特定人群的主副食品，其标签还应当标明主要营养成分及其含量。

2. 日用工业品

日用工业品的销售包装上除基本内容外，还须标注主要成分、净含量、性能特点、用途、使用方法、保养方法、生产日期、安全使用期或失效日期、品级、批号等。

3. 进口商品

进口商品在每个小包装上必须用中文标注：商品名称、产地的国名和地方名、中国代理商或总经销商的名称、详细地址。对关系到人身财产安全的商品，对其标注的内容还有更详细的规定。如家用电器商品、化妆品等必须在每个销售包装上标有中文说明、中国商检局 CCIB 安全检测标志；动植物商品必须在每个小包装上贴有中国动植物检疫局发放的标志；进口预包装食品的每个小包装上必须贴有 CHF 中国卫生检疫标志等。随着对环境保护的重视，各国在商品包装方面，力求对包装物的再生利用，对可回收的包装物，应该在罐盖上或包装上注明识别标记。

图 6-6　不可回收标志

图 6-7　可回收标志

试一试

请找出带有可回收标志和不可回收标志图形的商品或包装。

（二）商品的质量标志

商品的质量标志就是在商品的销售包装上一些反映商品质量的标记。它说明商品达到的质量水平。主要包括：优质产品标志、产品质量认证标志、商品质量等级标志等。

（三）使用方法及注意事项标志

商品的种类用途不同，反映使用注意事项和使用方法的标志也各有不同。如我国服装已采纳国际通用的服装洗涤保养标志。

（四）产品的性能指示标志

产品的性能指示标志是指用简单的图形、符号表示产品的主要质量性能。如电冰箱用星级符号表示其冷冻室的温度范围。

（五）销售包装的特有标志

销售包装的特有标志是指名牌商品在其商品体特定部位或包装物内，所标示的让消费者更加容易识别本品牌商品的标记。它由厂家自行设计制作，如名牌西服、衬衫、名优酒等都有独特的、精致的特有标志。

（六）产品的原材料和成分标志

产品的原材料和成分标志是指由国家专门机构经检验认定后，颁发的证明产品原材料或成分的标志。目前已实施的属于此类的标志有：绿色食品标志、纯新羊毛标志、真皮标志等。

（七）使用说明

商品使用说明，是一种由文字、符号、图示、表格等分别或组合构成，向消费者传递商品信息和说明有关问题的工具。商品使用说明是交付商品的组成部分，是保护消费者利益的一种手段。商品使用说明，可分为使用说明书、在商品或包装上的使用说明和说明性标签三种。

二、商品运输包装标志

运输包装标志是用简单的文字或图形在运输包装外面印刷的特定的记号和说明事项，以便于商品的储存、运输和装卸。运输包装标志按表现形式，可分为文字标志和图形标志；按内容和作用，又可分为运输包装收发货标志、包装储运图示标志和危险品货物包装标志等。

（一）运输包装收发货标志

运输包装收发货标志是运输过程中识别货物的标志，也是一般贸易合同、发货单据和运输保险文件中有关标志事项的基本部分。

运输包装收发货标志通常印刷在外包装上，其内容如下：

表6-1 运输包装收发货标志

序号	标志内容		中文
	含义	代号	
1	FL	商品分类图示标志	用几何图形和简单的文字表明商品类别的特定符号
2	GH	供货号	供应该批货物的供货清单号码（出口商品用合同号码）
3	HH	货号	商品顺序编号，以便出入库、收发货登记和核定商品价格
4	PG	品名规格	商品名称或代号；标明单一商品的规格、型号、尺寸、花色等
5	SL	数量	包装容器内含商品的数量
6	ZL	质量（毛重、净重）	包装件的质量（kg），包括毛重和净重
7	CQ	生产日期	产品生产的年、月、日
8	CC	生产工厂	生产该产品的工厂名称
9	TJ	体积	包装件的外径尺寸：长（cm）×宽（cm）×高（cm）=体积（cm^3）
10	XQ	有效期限	商品有效期至×年×月
11	SH	收获地点和单位	货物到达站、港和某单位（人）收（可用贴签和涂写）
12	FH	发货单位	发货单位（人）
13	YH	运输号码	运输单号码
14	JS	发运件数	发运的件数

上述各项标志内容，除一定要有分类标志外，其他各项可合理选用。外贸出口商品根据国外客户要求，以中、外文对照的形式，印制相应的标志和附加标志。

分类标志的图形，收发货标志的字体、颜色、标志方式、标志位置等，在GB6388-86《运输包装收发货标志》标准中均有具体规定。

十二大类商品的图示标志（在收发货上可以清楚地了解货物类别）（见图6-8）

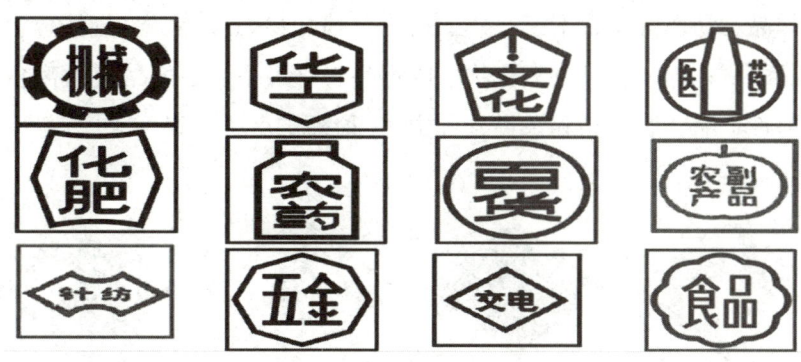

图6-8 商品分类图形标志

(二) 包装储运图示标志

包装储运图示标志根据不同商品对物流环境的适应能力，用醒目简洁的图形和文字标明在装卸运输及储存过程中应注意的事项。GB/T 191—2008《包装储运图示标志》标准规定了以下几种标志（见图6-9所示）。

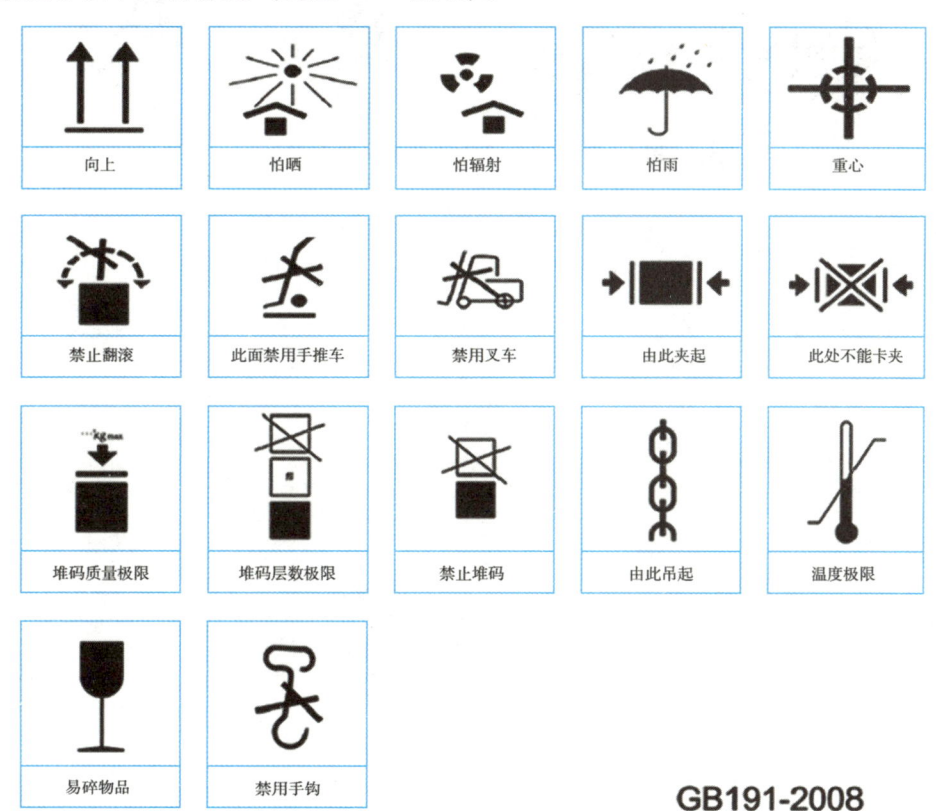

图6-9 包装储运图示标志

(三) 危险品货物包装标志

危险品包装标志是用来标明化学危险品的专用标志。为了能引起人们的特别警惕，此类标志采用特殊的彩色或黑白菱形图示。GB190-90《危险货物包装标志》标准规定了包括爆炸品、易燃气体、不燃气体、有毒气体、易燃液体、易燃固体、自燃物品、遇湿易燃物品、氧化剂、有机过氧化物、剧毒品、有毒品、有害品（远离食品）、感染性物品、放射性物品、腐蚀品和杂类共九类17种标志名称，21个图形。（举例：如图6-10所示）

图6-10　危险品货物包装标志示例

任务五　商标

概要描述

本任务主要阐述了商标的特征；商标与品牌的关系；商标的作用、分类、设计原则以及商标的管理。

任务分析

商标，体现着企业形象，是企业的精神名片。商标具有专有性、显著性、竞争性和从属于商品经济的特征，因此，商标在区别商品、监督商品和服务质量、参与企业竞争和广告宣传等方面具有重要的作用。要想充分发挥商标的作用，必须遵循正确的商标设计原则，设计出好的商标，然后加以宣传，提升商标的知名度，并努力打造商标赖以生存的产品质量，做好相应的商标管理。

任务处理

一、商标的特征

商标俗称"牌子"，是指商品生产者或商品经营者为了使自己生产或销售的商品，在市场上与其他商品相区别而使用的一种标志，这种标志通常用文字、图形或文字、图形的组合图案构成。

（一）商标具有从属商品经济的属性

商标是商品或服务的标记，是商品经济发展的产物，是随着商品生产、交换的发展而出现的商业性标志。商标的使用者是商品生产者或经营者，而不是消费者。标志物是商品，而不是物品。标志的目的是为了出售商品。

(二）商标具有显著性

商标必须具有能够与其他商品相区别的显著特征，使不同厂商的商品能够区别、比较和鉴定。商标是商品生产者或经营者的独特标记，是企业名声、商品信誉和评价的象征。商标使用的文字、图形或者组合，应当有显著特征从而便于识别。使用注册商标，应当标明"注册商标"或者注册标记如"注""R"等。

（三）商标享有专有性

经过注册的商标使用在"一定范围"和"一定质量"的商品上，他人不得冒用和侵权。"专用""排他"是注册商标最本质的含义。

（四）商标具有竞争性

商标在消费者心目中形成的形象，反映了商品生产者或经营者的信誉，标志着商品的一定质量。商标在市场竞争中，可以起到广告和推销员的作用，消费者依此进行选购。

（五）商标是一种无形资产，具有价值

商标代表着商标所有人生产或经营的商品的质量和信誉，代表着企业的信誉和形象，商标所有人通过商标的创意、设计、申请注册、广告宣传及使用，使商标具有了价值，也增加了商品的附加值。商标的价值可以通过评估确定。商标可以有偿转让，经商标所有权人同意，许可他人使用。

二、商标与品牌的关系

美国市场营销协会对品牌的定义是：品牌是一种名称、术语、符号或标记，或是它们的组合运用，其目的是借以辨认某个生产经营者或某群生产经营者的产品或服务，并使之与竞争者的产品或服务区别开来。

品牌标志和品牌名称是品牌的一个组成部分。品牌标志是指品牌中可识别但不能用言语表达的部分，包括符号、图案或专门设计的颜色、字体等。品牌名称则是指品牌中可用语言表达的部分。

商标是品牌或品牌中的一部分，一般是品牌标志和品牌名称。通常由文字符号、图像或二者组合而成，注册商标是经过法律程序和法律确认的，受到法律保护的品牌。

品牌是一个市场概念，其实质是品牌使用者对顾客的承诺；商标则是一个法律概念，其实质是已获得专用权并受到法律保护的品牌或品牌的一部分。

在我国，商标有"注册商标"与"非注册商标"之分，只有注册商标才受到法律保护，商标所有者才享有专用权。

三、商标的作用

商标，体现着企业形象，是企业的精神名片。一个企业的商标一旦确定，接下来就是投资对其进行广告宣传，扩大其知名度，让社会公众了解它、接受它、喜欢它，市场也就随之进一步拓展。同时，商标也是一个企业的无形资产。商标作为企业的工业产权，与其他财产一样，是企业的财富。

（一）区别商品或服务出处的作用

商标可以帮助人们识别不同经营者的商品或者服务，引导消费者认牌购物或消费。在现代社会，同一商品的生产厂家成百上千，同一性能的服务比比皆是，消费者选择哪家的商品或服务呢？商标可以帮助消费者达到识别之目的。由于商标是商品或服务的"脸"，代表着生产者或经营者的信誉，因此，商标能起到引导消费者获得满意商品或服务的作用。

（二）促进生产者或经营者提高产品或服务的质量

商品或服务的质量是商标信誉的基础。在引导消费者认牌消费的同时，又鞭策、促进生产者或经营者为维护自己的商标信誉而努力提高产品或服务的质量。因此，商标客观上可以起到监督商品或服务质量的作用。注册商标与所指定的商品或服务是互为作用的，商标信誉可反映质量，质量稳定又可提高商标信誉。商标可以使消费者通过对同一商标商品或服务的消费实践，吸引消费者继续认牌消费。因此，注册商标在一定程度上起到了保证质量稳定，促进质量提高的作用。

（三）有利于市场竞争和广告宣传

商标是企业进行市场竞争的锐利武器，是开拓市场的先锋。一个国家或地区的经济发展状况，可以通过注册商标数量和驰名商标数量窥见一斑。因为商标代表着信誉和质量，信誉和质量关系到市场占有率；而市场竞争力越大，其经济效益就越高。因此说，商标是商战的利器。一种商品要打开销路，为广大消费者所认识，除保证质量的可靠性外，还必须通过商标这一焦点进行广告宣传，刺激消费者的购买欲望，使消费者以最快捷的途径认识商品。从这一角度上讲，商标又是开拓市场的先锋。

（四）商标是无形的资产，是信誉的载体

以可靠的产品质量为基础，会使其商标声名远播，不断升值，使企业的经济效益越来越好。注册商标是无价之宝，是无形的财富。

四、商标的分类

商标的分类，尚无统一划分标准。通常以商标的结构、商标的用途、商标的使用者等作为标志来划分。

(一) 按商标的结构划分

1. 文字商标

文字商标是指由文字构成的商标。文字包括各种文字，数字和字母。如，汉字商标"伊利"，英文商标"IF"（化妆品），字母商标"SONY"（电器），数字商标"999"（药品）。

文字商标易读、易记，不易混淆，准确度高。但对不识该种文字的受众来说，这些优点就不存在了。文字商标要尽量简短，在不同语系的目标市场，译成该目标市场的文字应易于识读，并且词意能符合当地人的喜好。

图6-11 文字商标

图6-12 组合商标

2. 图形商标

图形商标是指由图形组成的商标。因为图形商标不受语言文字的限制，不论任何国家，只要能识别图形就能叫出商标的名称。如"长城"图形商标，人们一看就明白。图形商标不便于称呼，所以单独使用较少。

3. 记号商标

记号商标是指用某种记号构成的商标。记号作为产品的标志起源很早，据史书记载，一万多年前的一些古陶器上就刻有各种记号。古代一些产品有不少用记号标志，就是现在也有用简单的记号作为商标的，不过我国《商标法》没有规定记号商标。

4. 组合商标

组合商标是由文字、图形或记号组合的商标。如法国一家体育用品公司的"雄鸡"商标文字是"Le Coq Sportif"，意为"雄鸡"，是商标名称，上方印有一只昂首挺立的雄鸡，是品牌标志。这种商标在我国也是普遍采用的形式，如"海尔"商标。组合商标易于识别，便于呼叫，所以容易被人们接受。

(二) 按商标的用途划分

1. 营业商标

营业商标是指以生产或经营的企业名称、标记作为商标，即用商号或厂标作为商标。如中国的"同仁堂"中药、美国的"福特"汽车等。营业商标有特殊的作用，在宣传商品的同时又宣传了企业，有助于提高企业的知名度。

2. 商品商标

商品商标又称"个别商标"，是指为了将一定规格、品种的商品与其他的商品区别开来，在个别商品上使用的商标。如不同规格的轮胎，分别使用"骆驼""金鹿""工农"牌等商标。

3. 等级商标

等级商标是指同一企业、同一类商品因不同规格、质量而使用的系列商标。如上海牙膏厂的"美加净""中华""白玉""玉溪"等，就属于等级商标。

4. 保证商标

保证商标亦称证明商标，主要是指专为说明质量而使用的商标。通过提供质量证明，使商品对消费者具有巨大的吸引力，便于打开销路，占领市场。如纯羊毛标志、绿色食品标志、真皮标志。

5. 服务商标

服务商标是用于区别提供不同的服务项目或行业的商标。服务商标在国际分类中，主要有以下 8 类：广告与实务、保险与金融、建筑与修理、交通、运输与储藏、教育与娱乐、材料处理、杂务。服务商标的表现形式有图形、字母、符号等。服务商标（服务标记）一般不用于商品流通，不随商品交换，是服务行业或企业所使用的行业标志和企业标志。

6. 防御商标

防御商标是指较为知名的商标所有人在该注册商标核定使用的商品（服务）或类似商品（服务）以外的其他不同类别的商品或服务上注册的若干相同商标，为防止他人在这些类别的商品或服务上注册使用相同的商标。原商标为主商标，其余为防御商标。

（三）按商标使用者划分

1. 制造商标

制造商标是指表示商品制造者的商标，又称"生产商标"。这种商标往往与厂标一致。如日本"日立"电器公司的"日立牌"商标。使用这种商标是为了区别制造者与销售商。

2. 销售商标

销售商标是指销售者（经营者）为销售商品而使用的商标，也称"商业商标"，是销售者为了使自己经营的商品与其他经营的商品相区别而使用的商标。这种商标常在生产者实力较弱,销售者享有盛誉的时候使用。世界上著名的大零售商西尔斯、马狮、沃尔玛公司已有90%以上的产品使用公司品牌。

(四) 按商标是否注册划分

1. 注册商标

注册商标是指依照法定的条件和程序,向商标局申请商标注册,经商标局审查核准后予以注册的商标,享有注册商标专用权。

2. 未注册商标

未注册商标是未经过商标注册而在商品或服务上使用的商标。

五、商标的设计原则

品牌和商标的设计是一种具有较高艺术性和技巧性的工作。设计者不仅要熟悉产品的品质和特性,而且要有一定的文学和艺术修养,熟悉人文、心理和社会生活等方面的知识。在设计品牌和商标时应遵循以下几个原则:

(一) 新颖别致

品牌和商标的设计应新颖别致,特色鲜明,与其他同类产品之间有较明显的差异,而且能充分体现出企业产品的特点和性质,能给消费者留下深刻的印象。如"白加黑"等。

(二) 简单明了

品牌和商标的设计应力求文字简明,易于辨认、拼写和记忆。这样才能使消费者在短时间内接受和牢记,并能在事后留下深刻的印象。如"海尔""可口可乐"等。

(三) 尊重风俗

品牌和商标的设计要与目标市场的文化背景相适应,应符合目标市场所在国的风俗习惯要求,注意避免使用忌讳的图案,以免使消费者产生误解和厌恶。如国际上通常把三角形作为警示性标志,但在土耳其把绿三角视为"免费样品",捷克人认为红三角是有毒的标记等。

(四) 满足需要

品牌和商标的设计要符合消费者的心理需要,适应消费者对产品的喜好和偏爱。如永久牌自行车就深得喜好耐用品的消费者的青睐。

(五) 遵守法律

品牌和商标的设计应遵循国家的有关法律,否则,将会受到法律的制裁。如品牌和商标的设计仿效别人,是法律所不允许的。

项目小结

本项目系统介绍了有关商品包装和商标的相关知识。包装知识包括：包装的概念、功能、分类；包装材料应具备的性能、常用的包装材料以及这些包装材料具有的性能特点、包装技术、包装标志等。商标知识包括：商标的特征；商标与品牌的关系；商标的作用、分类、设计原则以及商标的管理。

商品包装标志

1. 实验目的：掌握商品包装标志的种类与含义。

2. 实训材料及场地设施：

（1）场地：教室。

（2）材料：三种不同种类的商品运输包装；食品（如纯净水、饮料、饼干等）、日用品（如化妆品）、家电商品（如电视机）、服装商品的销售包装（包装标志要齐全）。

3. 实训要求：对常见的运输包装标志、销售包装标志能准确说明其含义。

4. 操作规程：

（1）指出哪几种是运输包装，哪几种是销售包装。

（2）指出运输包装上的标志的类型及含义。

（3）指出销售包装标志的类型及含义。

（4）总结。

项目七　商品储运与养护

【项目介绍】

本项目主要介绍了商品储存与运输的概念；商品合理及不合理的运输方法；商品在储运过程中的质量变化和影响商品质量变化的因素及其控制；商品养护的技术方法。通过对本项目的学习，掌握商品运输的合理方法，避免不合理现象的发生，减少经济上带来的损失；了解商品质量变化的类型和影响因素；明确库存商品的基本养护方法；掌握常见商品的储藏保管技术条件。

【学习目标】

能力目标：能够运用科学方法正确选择商品合理的储存与运输方法，进行商品的日常养护工作。

知识目标：了解商品储存与运输的概念，商品合理及不合理的运输方法，商品日常养护的基本内容，掌握商品常见的保管方法。

社会目标：

1. 培养团队合作精神。

2. 能够正确理解并将不同的商品的日常养护方法运用到社会生产与实践中去，从而达到提高经济效益的目标。

【案例导入】

日常生活中，我们所熟悉的烟酒、糖茶、服装鞋帽、医药、化妆品、家用电器等，有的怕潮、怕冻、怕热，还有的易燃、易爆。导致这些储存商品质量变化的因素很多，其中一个重要的因素就是空气的温度。有的商品怕热，例如油毡、复写纸、各种橡胶制品及蜡等，如果储存温度超过要求（30℃～

35℃）就会发黏、熔化或变质。有的商品怕冻，如医药针剂、口服液、墨水、乳胶、水果等，则会因库存温度过低冻结、沉淀或失效。例如苹果贮藏在1℃比在4℃~5℃贮藏时寿命要延长一倍。但贮藏温度过低，可引起果实冻坏或生理失调，也会缩短贮藏寿命。

影响储存商品质量变化的另外一个重要因素是空气的湿度。由于商品本身含有一定的水分，如果空气相对湿度超过75%，吸湿性的商品就会从空气中吸收大量的水分而使含水量增加，这样就会影响到商品的质量。如食盐、麦乳精、洗衣粉等出现潮解、结块，服装、药材、糕点等生霉、变质，金属生锈。但空气相对湿度过小（低于30%），也会使一些商品的水分蒸发，从而影响商品质量。如皮革、香皂、木器家具、竹制品等的开裂，甚至失去使用价值。

【案例解析】

商品储运期间，宏观上处于静止状态，但商品本身不断发生各种各样的运动变化，这些变化都会影响到商品的质量，若不加以控制，就会由量变发展到质变。因此，对储存过程中的商品进行科学养护，保障其质量完好具有重要意义。

【想一想】

日常生活中你遇到了哪些商品因储存条件的影响而发生了质量变化？

任务一　商品储运概述

本任务主要阐述了商品运输和储存的概念及其功能，商品运输和储存的相关特性。

本任务重点是商品运输与储存的概念，商品运输的方法与方式。

一、商品运输和储存的概念及功能

（一）商品运输

1. 商品运输的概念

商品运输是指商品借助于动力在地区之间的位置转移，是商品在空间上的流通或移动的过程。它是生产过程在流通领域的继续。

2. 商品运输的功能

（1）促进商品流通。

商品的生产和消费往往是在异地进行的。这些异地产销的商品，必须经过相应的运输环节，才能实现商品的转移，满足不同地区广大消费者对各地商品的需求。

（2）提高经济效益。

商品运输使商品从生产领域进入消费领域，促进商品流通，保证市场供应，使商品的使用价值尽快实现，提高经济效益。

（二）商品储存

1. 商品储存的概念

商品储存是指商品在生产、流通领域中的暂时停泊和存放过程,以保证商品流通和再生产过程的需要为限度。

2. 商品储存的作用

(1) 协调产销地域的矛盾。

商品的生产和消费往往是在异地进行的。这些异地产销的商品,必须经过相应的运输、贮存环节,才能实现商品体的位移,满足广大消费者对各地名、特、优商品的需求。

(2) 协调产销时间矛盾。

商品生产和消费并不是同时进行的,它们各有自己特定的周期性,因此需要通过商品贮存,来协调商品生产与消费之间的时间矛盾。商品有的是常年生产、季节性消费的商品;有的是季节性生产、常年消费的商品;有的是季节性生产、季节性消费的商品;有的是常年生产、常年消费的商品等。都存在着一个产销之间的时间差,需要进行商品贮存。

图 7-1　商品储存

(3) 协调市场供求矛盾。

商品贮存的根本目的是保证商品销售,为消费者服务。在商品流通过程中,通过贮存收购,不仅支持了生产,也保证了商品货源充足,保持必要的商品数量和花色品种,才有可能源源不断地以完好的商品保证市场供应,满足消费需求。

议一议

商品的储存有哪些好处?

二、商品运输原则与方法及方式

(一) 商品运输的原则

商品运输工作,要遵循"及时、准确、安全、经济"的原则,做到加速商品流通,降低商品流通费用，提高货运质量，多快好省地完成商品运输任务。

1. 及时

"及时"就是要求按照客户需要的时间把商品运往消费地，不失时机地满足市场和消费者的需要。

2. 准确

"准确"就是要防止商品发生差错事故，保证在整个运输过程中，把商品准确无误地送到消费者手中。

3. 安全

"安全"就是在运输过程中要确保商品的使用价值。商品的使用价值就是能满足消费者的需要。如果商品因运输或装卸不当而失去使用价值，那就成为无用之物。商品在运输中的安全，一是要注意运输、装卸过程中的震动和冲击等外力的作用，防止商品的破损，二是要防止商品由物理、化学或生物学变化等自然原因所引起的商品减量和商品变质。尤其对化学危险品、鲜活易腐等商品，加强安全运输十分重要。

4. 经济

"经济"就是以最经济合理的方法调运商品，降低运输成本。降低运输成本的主要方法是节约运输费用。节约费用的主要途径则是开展合理运输，即选择最经济合理的运输线路和运输方式，尽可能减少运输环节，缩短运输里程，力求花最少的费用，把商品运到消费地。此外，还应提高商品运输设备和运输工具的利用率，加强对运输设备和运输工具保养，提高劳动生产率，从而取得更大的经济效益。

（二）商品运输的方法

1. 合理运输

组织商品合理运输，在发运地与到达地之间，往往有多条运输线路，存在多种运输方式，可以使用多种运输工具。一般的要求是：里程短、环节少、时间快、费用低。

（1）影响合理运输的因素。

①运输距离。运输既然是商品在空间上的移动，因此，商品移动的距离即运输里程的远近，就是决定其合理与否的一个最基本的因素。物流部门在组织商品运输时，首先要考虑运输距离，尽可能实行近产近销，避免舍近求远。

②运输环节。在物流过程的各个环节中，运输是一个主要的环节，也是决定物流合理性的一个重要因素。因为运输业务活动，还需要进行装卸、搬运、包装等工作多道环节。所以物流部门在调运商品时，对有条件直运的，尽可能组织直达、直拨运输，使商品不进入中转仓库，越过一切不必要的中间环节，由产地直接运到销地或用户，减少二次运输。

③运输工具。要根据不同商品特点,分别利用铁路、水运或汽车运输等不同运输方式,选择最佳的运输线路,合理使用运力。改进车船的装载技术和装载方法,提高技术装载量;使用最少的运力,运输更多的商品,提高运输生产效率。

④运输时间。对商业物流来说,为了更好地为顾客服务,及时满足顾客的需要,时间是一个决定性因素。运输不及时,不仅容易失去销售机会、造成货物脱销或积压。同时,商品在运输过程中停留时间过长,也容易引起商品的货损货差,增加物流管理费用,降低运输效率。因此,在市场变化很大的情况下,时间问题更为突出。所以在物流过程中,要想方设法加快货物运输速度,尽量压缩待运时间,使货物不要长期徘徊、停留在运输途中。

⑤运输费用。运输费用占物流费用的比例很大,是衡量物流经济效益的重要指标,也是组织合理运输的主要目的之一。运输费用的高低,不仅影响到物流企业或运输部门的经济效益,而且也影响销售成本。

上述因素,既互相联系,又互相影响,有的还相互矛盾。在一般情况下,运输时间短、运输费用省是考虑合理运输的两个主要因素,集中体现了运输过程中的经济效益。

(2)不合理运输的表现。

商品不合理运输,是指不考虑经济效果,违反商品合理流向和各种动力的合理分工,不充分利用运输工具的装载能力,环节过多,导致浪费运力,增加商品流转费用,延迟商品流转速度,增加商品损耗等不良的后果。不合理的运输,一般有以下几种:

①对流运输:指同一种商品,或可代用的商品,在同一运输线或平行线做相对方向的运输,与对方的全部或一部分商品发生重叠的现象。

②迂回运输:是指商品运输绕道而行的现象。运输过程中的计划不周、组织不善或调运差错,都容易出现迂回运输。由于自然灾害或其他事故的阻碍,为了保证商品的及时运输,采取绕道的办法是允许的。

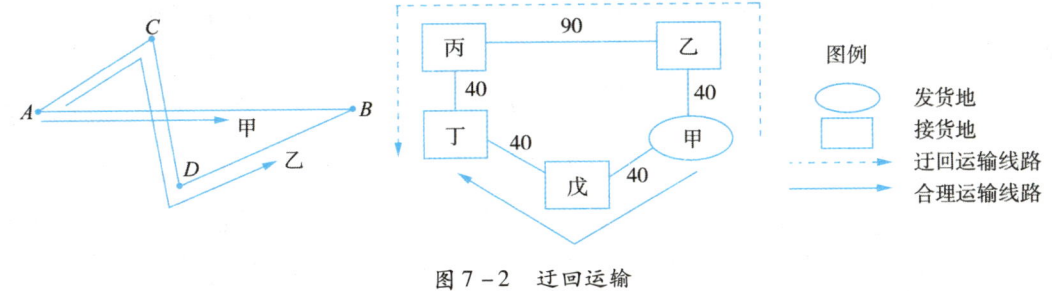

图 7-2 迂回运输

③重复运输:是指可直达运输的产品,由于批发机构或仓库设置不合理,或计划不周全,在路途停留又重复装运的不合理现象。

④倒流运输：是指商品从消费地向生产地回流的一种不合理运输现象。倒流运输有两种形式：一是同一商品由销地运回产地或转运地；二是同类的商品由别的产地、供应地或销地运回另一产地或转运地。

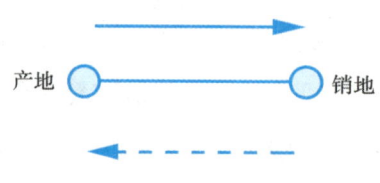

图 7-3　倒流运输

⑤过远运输：是指舍近求远的运输现象。即不从最近的供应地采购商品，而超过商品合理流向的范围，从远地运来；或产品不是就近供应消费地，却调给较远的其他消费地，违反了近产近销的原则。

> **想一想**
>
> 　　不合理的运输会产生哪些不良效果？

（3）合理运输的方法。

①分区产销合理运输：就是对品种单一、数量较大、多地生产、调运面广的大宗商品，如煤炭、粮食、木材、食盐、食糖等，按照近产近销的原则，在产销平衡的基础上，划定商品调运区域，制定商品合理流向。

②直达、直线运输：直达运输是指把商品从产地直接运达到要货单位的运输，中间不需要经过各级批发企业的仓库的运输。直线运输是指减少商品流通环节，采取最短运距的运输。品种简单、数量很大的商品或需要尽可能缩短周转时间的商品，应尽可能采取直达运输。

③"四就"直拨运输："四就"直拨，即指就厂直拨、就站直拨、就库直拨和就船过载。

就厂直拨，是将商品由生产厂家直接发送到要货单位，又分为厂际直拨、厂库直拨、厂站直拨等几种形式。一般日用工业品多采用就厂直拨的方式。

就站直拨，是将到达车站或码头的商品，不经过中间环节，直接分拨给要货单位。

就库直拨，是将由工厂送入一、二级批发企业仓库的商品，由批发企业调拨给要货单位或直接送到基层商店。

就船过载，是将到达消费地或集散地的商品，在卸船的同时，装上另外的船只，分送给要货单位，中间不再经过其他环节。

"四就"直拨,需要各部门紧密配合,加强协作,才能做到及时、准确、安全、经济。

2. 商品的安全运输

(1) 鲜活商品的运输。

运输活畜禽,应尽量使用家畜车,其次是棚车;运距较短能确保安全,也可使用箱式车;装运前应对车厢、船舱进行严格的卫生检查;夏季运输要注意防暑降温、备足饮水,冬季运输要注意防寒保温。

(2) 冻结易腐商品的运输。

畜肉、禽肉、鱼、蛋制品等冻结食品的运输,要选择符合商品性质、保温性能的冷藏车、船运输;装车、船时,为防止扩大热源,商品要紧密堆码,不留空隙,商品与车、船顶板至少留30厘米空隙,以减少顶部传热;运单注明商品允许运到的期限和途中需要的加冰站。

(3) 非冻结易腐蚀的商品的运输。

鲜菜、鲜果、鲜蛋等非冻结易腐蚀的食品运输,要根据所运商品的品种及特点,采取防护措施,抑制其后熟;放热量大,后熟期快的商品不能同一般商品混装,要根据果、菜商品的特性和运输季节进行适当包装,鲜蛋的外包装一定要坚实,包装内要垫好垫衬物;装运时要轻拿轻放,按层次堆放整齐、稳固,包装留有一定空隙;使用棚车运输,夏季要通风散热,冬季要防冻。

(4) 易碎、流汁商品的运输。

易碎商品包括玻璃制品、陶瓷制品、灯泡、电视机、收录机、照相机和精密仪器等。流汁商品包括墨水、打印汁、生发油、酒类、饮料等。运输此类商品,包装要牢固,内无响声,在包装明显处要有"请勿倒置""小心轻放"等标志,要轻拿轻放,按包装标志堆放,不能以重压轻,以大压小。冬季运输流汁商品要注意防冻。

图 7-4 化学危险品运输

(5) 化学危险品运输。

化学危险品具有易燃、易爆、有毒、易腐、有放射性等特点。运输此类商品时,装车、船之前按所发运商品的性质，对车、船进行严格的检查，对过去运过危险品的车、船必须彻底清洗干净，危险品不能与普通商品拼装；性质和消防方法互相抵触的危险品不能拼装；靠近铁器的商品用木板隔开，装卸要轻拿轻放，防止包装破损，不可撞击、摔落、拖曳翻滚；要防火、防热，不能靠近电源，不能与明火接触。

想一想

化学危险品运输应注意哪些问题？

（三）商品运输方式及其特点

1. 公路运输

公路运输是指货物借助一定的运载工具，沿着公路进行有目的的移动过程。公路运输既有机动灵活、适应性强、运输速度较快等优点，也有运载量小、运输成本高、安全性差、污染大等不足。

2. 铁路运输

铁路运输是指利用机车、车辆等技术沿途铺设轨道，用铁路列车运送货物的运送方式。铁路运输既有运输能力大、能耗小、成本低、运输速度快、适应性强、安全程度高等优点，又有基本建设投资大、周期长等缺点。

3. 水路运输

水路运输是以船舶为主要运输工具，以港口或港站为运输基地，以水域（海洋、河、湖等）为运输活动范围的一种货物运输方式。水路运输有运能大、资源消耗少、投资小、成本低等优点，但也有运输速度慢、受自然环境影响较大等缺点。

4. 航空运输

航空运输是指使用航空器运送货物的一种运输方式。航空运输既有机动性大、破损率低、安全性好、基本建设周期短、投资少等优点，又有运载量有限、运输成本高等缺点。

5. 管道运输

管道运输是以管道为运输工具，实现气态、液态以及粉粒状商品（如煤气、自来水和矿石粉等）连续运输的运输方式。管道运输既有不占用或较少占用地面面积，运输效率和设备运转效率高，运输安全性能好等优点，又有运输技术要求高等缺点。

议一议

不同的运输方式各有哪些优缺点？

任务二　商品储运期间的质量变化

本任务主要阐述了商品在储运期间的质量变化情况及商品储运过程中对商品质量产生影响的因素。

商品在储运过程中，由于各种因素影响的结果，会使商品发生各种各样的变化，而这种变化会导致商品的质量发生不同程度的降低。所以研究影响商品质量变化的因素，掌握商品在储运过程中的质量变化规律，采取科学有效的储运方法，对于保证和延缓商品质量的劣变，提高生产和商品使用的经济效益，具有重要意义。

一、商品的质量变化

商品在储运期间，由于商品本身的性能特点，以及外界因素的影响，可能发生各种各样的质量变化，归纳起来主要有物理机械变化、化学变化、生理变化等。

（一）商品的物理机械变化

物理变化是指只改变物质的外表形态，不改变其本质，没有新物质生成的质量变化现象。

商品的机械变化是指商品在外力作用下发生的形态变化。

物理机械变化的结果不是数量的损失，就是质量的降低，甚至失去使用价值。商品常发生的物理机械变化主要有挥发、溶化、熔化、渗漏、串味、冻结、沉淀、破碎与变形等。

1. 挥发

低沸点的液体商品或经液化的气体商品，在一定的条件下，其表面分子能迅速汽化而变成气体散发到空气中去的现象叫挥发。常见的易挥发商品有汽油、酒精、苯、香水、印刷油墨、液氨、液氮等。

防止商品挥发的主要措施是加强包装的密封性。此外，要控制库房温度，高温季节要采取降温措施，保持在较低的温度条件下储存商品。

2. 溶化

溶化是指固体商品在保存过程中，吸收潮湿空气或环境中的水分达到一定程度时，会溶解变成液体的现象。常见的易溶化商品有食糖、食盐、明矾、硼酸、尿素、氯化钙、硝酸铵、烧碱等。商品溶化与空气温度、湿度、堆码高度有密切关系。

对易溶化的商品应按商品性能，分区分类存放在阴凉干燥的库房内，不适合与含水分较大的商品同储，在堆码时要注意底层商品的防潮与隔潮，垛底要垫得高一些，并采取吸潮和通风相结合的温湿度管理方法来防止商品吸湿溶化。

3. 熔化

熔化是指低熔点的商品受热后发生软化乃至化为液体的变化现象。熔化除受气温高低的影响外，与商品本身的熔点、商品中杂质种类和含量高低密切相关。熔点越低，杂质含量越高，越容易熔化。常见易熔化的商品有：香脂、发蜡、蜡烛、复写纸、蜡纸、圆珠笔芯、松香、萘、硝酸锌、油膏、胶囊、糖衣片等。

预防商品的熔化，应根据商品的熔点高低，选择阴凉通风的库房储存。在保管过程中，一般可采用密封和隔热措施，加强仓库的温度管理，防止日光照射，尽量减少温度的影响。

4. 渗漏

渗漏主要是指液体商品发生跑、冒、滴、漏等现象。商品的渗漏，与包装材料性能、包装容器结构及包装技术的优劣有关，还与仓储温度变化有关。

因此，对液体商品应加强入库验收和在库商品检查及温湿度控制和管理。

5. 串味

串味是指吸附性较强的商品吸附其他气体、异味，从而改变本来气味的变化现象。

常见易被串味的商品有：大米、面粉、木耳、食糖、茶叶、卷烟、饼干等。常见的易引起其他商品串味的商品有汽油、煤油、咸鱼及腌制的肉、樟脑、肥皂、农药等。预防商品串味，应对易被串味的商品尽量采取密封包装，在储存运输中不得与有强烈气味的商品共储混运，同时还要注意运输工具和仓储环境的清洁卫生。

6. 沉淀

沉淀是指含有胶质和易挥发成分的商品，在低温或高温条件下，部分物质凝固，进而发生下沉或膏体分离的现象。常见的易沉淀商品有：墨水、墨汁、牙膏、雪花膏等。预防商品沉淀，应根据不同商品的特点，防止阳光照射，做好商品冬季保温和夏季降温等工作。

7. 沾污

沾污是指商品外表沾有其他脏物、染有其他污秽的现象。商品沾污，主要是生产、储运中卫生条件差及包装不严所致。对一些外观质量要求较高的商品，如绸缎呢绒、针织品、服装等要注意防沾污，精密仪器、仪表类也要特别注意。

8. 破碎与变形

破碎与变形是指商品在外力作用下所发生的形态上改变的机械变化。脆性较大或易变形的商品，如玻璃、陶瓷、搪瓷制品、铝制品等，因包装不良在搬运过程中，受到碰撞、挤压和抛掷而易破碎、掉瓷、变形等；塑性较大的商品，如皮革、塑料、橡胶等制品由于受到强烈的外力撞击或长期重压，易失去回弹性能，从而发生形态改变。对易发生破碎和变形的商品，要注意妥善包装，轻拿轻放，堆垛高度不能超过一定限度。

（二）商品的化学变化

商品的化学变化，是指构成物质的分子发生了变化，商品的外表形状和商品的本质都发生了改变，并生成了新的物质的变化现象。商品发生化学变化，严重时会使商品完全丧失使用价值。常见的化学变化有分解、水解、氧化、老化、腐蚀等。

1. 分解、水解

分解是指某些化学性质不稳定的商品，在光、热、酸、碱及潮湿空气的作用下，会由一种物质分解成两种或两种以上物质的变化现象。分解不仅使商品质量变差，而且会使商品完全失效。例如漂白粉在温度高、水分大、光照不密闭的条件下，会分解生成次氯酸和氧，失去漂白能力，使商品失去使用价值。

水解是某些商品在一定条件（如酸性或碱性条件）下，与水作用而发生的复分解反应。

2. 氧化

氧化是指商品与空气中的氧或与其他放出氧气的物质接触，发生与氧结合的化学变化。

3. 老化

老化是指某些以高分子化合物为主要成分的商品，如橡胶、塑料、合成纤维等高分子材料制品，在储运过程中，受到光、氧、热及微生物等的作用，出现发黏、龟裂、变脆、失去弹性、强力下降、丧失原有优良性能的变质现象。

4. 腐蚀

腐蚀是指物质接触周围的介质（如酸、碱、氧气及腐蚀性气体等），其表面受到破坏的变化现象。金属的锈蚀也是其中的一种。

（三）商品的生理生化变化及其他生物引起的变化

商品的生理生化变化是指有生命活动的有机体商品，在储存过程中，为维持自身的生命活动所进行的一系列变化。如粮食、水果、蔬菜、鲜蛋等商品的呼吸、发芽、胚胎发育和后熟等现象。

商品的生物学变化则是指由微生物、仓库害虫以及鼠类等生物所造成的商品质量的变化。如工业商品和食品商品的霉变、腐败、虫蛀和鼠咬等。

1. 呼吸作用

呼吸作用是指有机体商品在生命过程中，由于氧和酶的作用，体内有机物质被分解，并产生热量的一种缓慢的生物氧化过程。

呼吸作用可分为有氧呼吸和缺氧呼吸两种类型。不论是有氧呼吸还是缺氧呼吸，都要消耗营养物质，降低食品的质量。

保持正常的呼吸作用，有机体商品本身会具有一定的抗病性和耐储性。因此，鲜活商品的储藏应保证它们正常而最低的呼吸，利用它们的生命活性，减少损耗、延长储藏时间。

2. 后熟作用

后熟是指瓜果、蔬菜类食品脱离母株后继续成熟的现象。促使这类食品后熟的主要因素是高温、氧，以及某些有催熟作用的刺激性物质（如乙烯、乙醇等）的存在。瓜果、蔬菜等的后熟作用，能改进其色、香、味以及硬脆等食用性能。但当后熟作用完成后，则容易发生腐烂变质，难以继续储藏，甚至失去食用价值。因此，对于这类食品，应在其成熟之前采收并采取控制储藏条件的办法，来调节其后熟过程，以达到延长储藏期、均衡上市的目的。

为了延长后熟期，可采用低温储运和适当通风（散去成熟食品释放的乙烯气体）的方法。有时为了及早上市也可用乙烯或乙醇等进行人工催熟。

3. 胚胎发育

胚胎发育主要指鲜蛋的胚胎发育。在鲜蛋的贮存过程中，当温度和供氧条件适宜时，胚胎会发育成血丝蛋、血环蛋。经过胚胎发育的禽蛋，其新鲜度和食用价值大大降低。为抑制鲜蛋的胚胎发育，应加强温湿度管理，最好是低温储藏或停止供氧。

4. 发芽和抽苔

这类现象是两年生的蔬菜，如马铃薯、大蒜、生姜、萝卜等，在储存时经过休眠期后的一种继续生长的生理活动。发芽和抽苔的蔬菜，因大量的营养成分供给新生的芽和茎，失去原有鲜嫩品质，并且不耐储藏。所以，储存这类蔬菜时应将温度控制在5℃以下，并防止光照，可抑制其发芽、抽苔。

5. 霉腐

霉腐是商品在霉腐微生物作用下所发生的霉变和腐败现象。无论哪种商品，只要发生霉腐，就会受到不同程度的破坏，严重霉腐可使商品完全失去使用价值。有些食品还会因腐败变质而产生有毒物质。

对易霉腐的商品在储存时必须严格控制温湿度，做好商品的防霉工作。

6. 发酵

发酵是某些酵母尤其是野生酵母和细菌所分泌的酶，作用于食品中的糖类、蛋白质而发生的分解反应。发酵广泛用于食品酿造业。

7. 虫蛀、鼠咬

商品在储运过程中，经常遭受仓库害虫的蛀蚀或老鼠的咬损，使商品体及其包装受到损坏，甚至完全丧失使用价值。

对虫蛀、鼠咬的防治，应熟悉虫、鼠的生活习性和危害规律，首先立足于防，即搞好运输工具和仓库的清洁卫生工作，加强日常管理，切断虫鼠的来源；其次采用化学药剂或其他方法杀虫、灭鼠，坚持经常治理与突击围剿相结合的方法来防治。

二、影响商品质量变化的因素及控制

引起商品质量变化的因素有内因和外因两类，影响商品质量变化的内因主要是商品的成分、结构和性质。这里只对影响商品质量的外界因素如：氧、日光、微生物、害虫及空气的温度、湿度等做一些介绍。

（一）空气中的氧

空气中含有21%左右的氧气。氧能和许多商品发生作用，对商品质量变化影响很大。如氧可以加速金属商品锈蚀；氧是好氧型微生物活动的必备条件，易使有机体商品发生霉腐；氧是害虫赖以生存的基础，是仓库害虫发育的必备条件；氧是助燃剂，不利于危险品的安全储存；在油脂的酸败、鲜活商品的分解、变质中，氧都是积极参与者。因此，在养护中，对于受氧气影响较大的商品，要采取各种方法如浸泡、密封、充氮等，隔绝氧气。

（二）日光

日光中含有红外线和紫外线等。一方面，日光能够加速受潮商品的水分蒸发，杀死杀伤微生物和商品害虫，在一定程度上有利于商品的保护；另一方面，某些商品在日光的直接照射下，又会发生质量变化。如日光能使酒类浑浊，使油脂加速酸败，使纸张发黄变脆、色布褪色、药品变质等。因此，商品的养护要根据各种不同商品的特征，注意避免或减少日光的照射。

（三）微生物

微生物在生命活动过程中会分泌各种酶，利用它们把商品中的蛋白质、糖类、脂肪、有机酸等物质分解为简单的物质加以吸收利用，从而使商品受到破坏、变质，丧失其使用价值。同时，微生物异化作用中，在细胞内分解氧化营养物质，会产生各种腐败性物质，这些物质排出会使商品产生腐臭味和色斑霉点，影响商品外观，还会加速高分子商品的老化。常见危害商品的微生物主要是一些腐败性细菌、酵母菌和霉菌。

（四）空气温度

空气温度是指空气的冷热程度，简称气温。气温是影响商品质量变化的重要因素。一般商品在常温以下，都比较稳定；高温则能够促进商品的挥发、渗漏、熔化的物理变化和化学变化；而低温又容易引起某些商品的冻结、沉淀等变化。此外，温度适宜时，又会给微生物和仓虫的生长繁殖创造有利条件，加速商品的腐败变质和虫蛀。因此，控制和调节仓储商品的温度是商品养护的重要工作内容之一。

（五）空气的湿度

空气的干湿程度称为空气的湿度。空气湿度的改变，能引起商品的含水量、外形或体态结构等的变化。空气湿度下降，将使商品因放出水分而降低含水量，发生变质。如水果、蔬菜、肥皂等会发生萎蔫或干缩变形；纸张、皮革、竹木制品等失水过多，会发生干裂或脆损。空气湿度增高，使商品吸收水分含水量增大，也会使商品发生质变。如食糖、食盐、化肥等易溶性商品发生结块、膨胀或进一步溶化；金属制品生锈；纺织品、卷烟、竹木制品等发生霉变或被虫蛀等。湿度适宜，可以保持商品的正常含水量。所以，在商品的养护中，必须掌握各种商品的适宜湿度要求，尽量创造商品适宜的空气湿度。

（六）卫生条件与仓库害虫

卫生条件是保证商品免于变质腐败的重要条件之一。卫生条件不良，不仅使灰尘、油垢、垃圾、腥臭等污染商品，而且还会为微生物、仓库害虫等创造活动场所。

（七）有害气体

大气中的有害气体，主要来自煤、石油、天然气、煤气等燃料燃放出的烟尘和工业生产过程中的粉尘、废气。对空气的污染，主要是二氧化碳、二氧化硫、硫化氢、氯化氢和氮氧化物等气体。商品储存在有害气体浓度大的空气中，将受到污染和腐蚀，质量变化明显。

任务三　仓库温湿度管理

本任务主要阐述了空气温度与湿度的基本变化规律,仓库内外温度和湿度的相互影响及仓库内温度及湿度的变化规律,仓库内温度和湿度的控制与调节。

不良的仓库内外的温度和湿度对商品的储存会产生一定的影响,但其变化是遵循一定规律的,通过掌握其变化规律,对其加以控制和调节,使其更好地适合不同商品储存所需要的环境条件,可以更好地保证商品质量,提高商品的经济效益,具有重要意义。

一、空气温湿度的基本知识

大气的变化即自然气候的变化,随地域、季节、时间等的不同,其变化规律有所不同。我国大气温湿度的变化一般如下:

(一)温度变化的规律

1. 日变

一天之中,日出前气温最低,到午后 2~3 时气温最高。

2. 年变

一年之内最热的月份,内陆一般在 7 月,沿海地区出现在 8 月。最冷的月份,内陆一般在 1 月,沿海在 2 月。

(二) 湿度变化的规律

绝对湿度（在标准状态下，每立方米湿空气中所含水蒸气的质量，即水蒸气密度，单位为 g/m）通常随气温升高而增大，随气温降低而减小。但绝对湿度不足以完全说明空气的干湿程度，相对湿度（用 RH 表示。表示空气中的绝对湿度与同温度和气压下的饱和绝对湿度的比值，得数是一个百分比）更能正确反映空气的干湿程度。

空气的相对湿度变化与气温变化正相反，它随气温的升高而降低。在一日之中，日出前气温最低时，相对湿度最大，日出后逐渐降低，到午后 2~3 时达到最低。在一年之中，相对湿度最高的月份一般是 1 月。

二、仓库内温湿度的变化规律

仓库内温湿度变化规律和库外基本上是一致的，但是，库外气温对库内的影响，在时间上需要有个过程，同时会有一定程度上的减弱。所以，一般是库内温湿度变化，在时间上滞后库外，在程度上小于库外。表现为：夜间库内温度比库外高，白天库内温度比库外低。

库内温度的变化与库房密封性的好坏也有很大的关系，同时库内各部位的温度也因库内具体情况而有差异，工作中要灵活把握。

三、仓库温湿度的控制与调节

实际工作中通常采用密封、通风和吸潮相结合的方法控制与调节仓库的温湿度。

（一）密封

密封，就是把商品尽可能严密地封闭起来，减少外界不良气候对商品的影响，以达到安全储存的目的。

密封保管应注意的几个事项是：密封前要检查商品质量、温度和含水量是否正常，如发现生霉、生虫、发热等现象就不能进行密封；发现商品含水量超过安全范围或包装材料过潮，也不宜密封；密封的时间要根据商品的性能和气候情况来决定。怕潮、易溶、易霉的商品，应选择在相对湿度较低时进行密封。

常用的密封方法有：整库密封、小室密封、按垛密封、货架密封以及按件密封等。

（二）通风

通风，就是利用库内外空气温度不同而产生的气压差，使库内外空气形成对流，来达到调节仓库内温湿度的目的。

按通风的目的不同，可分为利用通风降温或升温和利用通风散潮两种方法。

（三）吸潮与加湿

在梅雨季节或阴雨天气，当仓库内湿度过高，不适宜商品保管，而库外湿度也过大，不能进行通风散潮时，可以在密封的仓库内用吸潮的办法降低库内湿度。

仓库吸潮方法一般有"吸潮剂吸潮"和"机械吸潮"两种。

常用的吸潮剂有生石灰、无水氯化钙、木炭、硅胶以及新型高效的分子筛吸潮剂等。机械吸潮它是利用空气吸湿机，把库内的湿空气通过抽风机吸入吸湿机的冷却器内，使它凝结成水而排出。

一些生鲜商品、鲜活商品及竹木制品等，在仓库相对湿度过小，空气太干燥时，易发生萎蔫或干裂，这时则要用洒水、湿擦、盛水等方法增加湿度。

（四）升温与降温

在不能用通风来调节空气温度时，可用暖气设备来提高库房温度，也可用空调设备来升温或降温。

有条件的可使用空气湿度调节器，制造人工小气候，自动控制库房的相对湿度，以保商品不受危害。

任务四　商品的养护

概要描述

本任务主要阐述了储存商品的霉变腐烂的防治技术；储存商品的虫害防治技术；储存商品的老化防治技术等养护技术。

任务分析

商品在储运过程中，由于各种外界因素的影响，会发生多种质量变化，如霉变、锈蚀、老化、虫蛀、溶化、熔化、挥发、破损与形变等。要求我们通过运用各种防护技术，来防止商品在储运过程中发生质量降低等不良现象，保证商品的质量，提高经济效益。

任务处理

一、商品的霉变及防治技术

商品的霉腐是由微生物的作用所引起的商品变化，商品的生霉、腐败、发酵变质都是由霉腐微生物侵染造成的。因此，商品在储存中防止发生霉腐是商品养护工作的主要内容之一。

（一）霉腐微生物的生长条件

引起商品霉变的霉腐微生物主要有霉菌、细菌、酵母菌。霉腐微生物生长的外界环境条件如下：

1. 水分和空气湿度

当湿度与霉腐微生物自身的要求相适应时，霉腐微生物就生长繁殖旺盛；反之则处于休眠状态或死亡。

2. 温度

霉腐微生物的生长繁殖有一定的温度范围，超过这个范围其生长会滞缓甚至停止或死亡。高温和低温对霉腐微生物生长都有很大影响，低温对霉腐微生物生命活动有抑制作用，能使其休眠或死亡；高温能破坏菌体细胞的组织和酶的活动，使细胞的蛋白质凝固变性，从而使其失去生命活动的能力或死亡。

霉腐微生物大多是中温性微生物，其最适宜的生长温度为20℃～30℃，在10℃以下不易生长，在45℃以上停止生长。大多数微生物在80℃以上会很快死亡。

3. 光线

日光对于多数微生物的生长都有影响，主要是日光中的紫外线能强烈破坏微生物细胞和酶。大多数霉腐微生物在日光直射1～4小时即能大部分死亡。

4. 空气成分

有些微生物特别是霉菌，需要在有氧条件下才能正常生长，二氧化碳浓度的增加不利于微生物生长，甚至导致其死亡。也有一些微生物是厌氧型的，它们不能在有氧气或氧气充足的条件下生存。通风可以防止部分商品霉腐，但主要是防止厌氧型微生物引起的霉腐。

（二）商品霉腐的原理

1. 易霉腐的商品及霉腐特征

易霉腐的商品主要有下面几类：

（1）糖为主要成分的商品。属于这类商品的主要有棉麻织品、纸张、竹木、食品、果蔬等，它们的主要化学成分是纤维素、半纤维素、木质素、淀粉、双糖等糖类物质，由于霉菌能分泌大量的酶，把糖类最终分解为二氧化碳和水，同时放出大量的热量。

（2）蛋白质为主要成分的商品。属于这类商品的主要有丝织品、毛织品、毛皮制品、皮革制品、皮胶、骨胶等，它们的主要化学成分是天然蛋白质。这些商品与蛋白质分解菌接触，在水解蛋白酶的作用下，最后产生醇、氨和二氧化碳，聚合度大大降低，被破坏的商品带有浓厚的腐臭气味，使商品质量大大降低，从而失去使用价值。

（3）其他有机物的商品。橡胶、塑料以及一些日用化学品、工艺美术品、文娱体育品等，都含有大量的适宜于霉腐微生物生长的有机化合物，一旦温湿度适宜，微生物就会在上面生长繁殖，从而对商品质量产生严重破坏。

2. 商品霉腐过程

商品霉腐的过程就是微生物新陈代谢的过程。

（1）微生物的呼吸作用。多数霉菌进行有氧呼吸，受好氧微生物霉菌作用的商品常有发热现象；受厌氧微生物侵蚀的商品常有酒味产生。

（2）酶及酶的作用。酶是有机体中一类具有特殊催化作用的蛋白质，自然界中一切生命活动都与酶的活动有关，有机体的新陈代谢都是在酶的作用下进行的，如果离开酶，新陈代谢就不能进行，生命就会停止。所以酶都是在活的细胞中形成的，死亡的细胞就不能再形成酶，酶的催化速度快。

（3）商品霉变过程。微生物的生存，必须以有机物质为营养。糖、淀粉、蛋白质、纤维素、木质素、脂肪等物质都是它的养料。用有机物质加工制成的商品，在外界条件适合微生物生长的情况下，微生物新陈代谢作用使商品原有结构破坏、发生霉腐变质，轻则影响商品外观，严重时导致商品全部损坏，最后失去使用价值。

（三）商品霉腐的防治方法

1. 加强库存商品的管理

（1）加强入库验收。易霉腐商品入库，首先应检验其包装是否潮湿，商品含水量是否超过安全水分。

（2）加强仓库温湿度管理。根据商品的不同性能，正确的运用密封、吸潮及通风相结合的方法，控制好库内温湿度。特别是梅雨季节，要将相对湿度控制在不适宜于霉菌生长的范围内。

（3）选择合理的储存场所。易霉变商品应尽量安排在空气流通、光线较强、比较干燥的库房，并应避免与含水量大的商品共储。

（4）合理堆码，下垫隔潮。商品堆码不应靠墙靠柱，下垫防潮物质隔潮。

（5）将商品密封储存。

（6）做好日常的清洁卫生工作。

2. 化学药剂防霉腐

防霉最主要的方法是使用防霉剂。

防霉剂能使微生物菌体蛋白质变性、凝固，使酶失去活性。低浓度防霉剂能抑制霉腐微生物，高浓度会使其死亡。防霉剂的使用方法主要有：

（1）添加法：将一定比例的药剂直接加入到材料或制品中去；

（2）浸渍法：将制品在一定温度和一定浓度的防霉剂溶液中浸渍一定时间后晾干；

（3）涂布法：将一定浓度的防霉剂溶液用刷子等工具涂布在制品表面；

（4）喷雾法：将一定浓度的防霉剂溶液均匀地喷洒在材料或制品表面；

（5）熏蒸法：将挥发性防霉剂的粉末或片剂置于密封包装内，通过防霉剂的挥发防止商品生霉。

3. 防霉的其他方法

（1）气调储藏防霉。在密封条件下，通过改变空气成分，主要是创造低氧（5%以下）环境，抑制微生物的生命活动和生物性商品的呼吸强度。

（2）紫外线防霉。用紫外线辐射灭菌，作用强而稳定，但紫外线穿透力弱，易被固形物吸收，使用范围受到限制。

（3）微波防霉。微生物吸收微波后引起温度升高，使蛋白质凝固，菌体成分破坏，水分汽化排出，促使菌体迅速死亡。

（4）红外线防霉。微生物吸收红外线，使细胞内温度迅速升高，造成蛋白质凝固、核酸被破坏、菌体内水分汽化脱水而死亡。

（5）低温储存防霉。低温对微生物活动具有抑制作用，用冷库储藏可以防止霉变。

（6）干燥防霉。保持商品自身、商品包装和仓库环境的干燥，可以抑制微生物霉菌的活动。

对已经发生霉变但可以救治的商品，应立即采取晾晒、烘烤、加热消毒等方法处理，以免霉变继续发展而造成更加严重的损失。

二、仓库的害虫与防治技术

（一）仓库害虫的主要来源

1. 由商品或包装带入

如竹木制品、毛皮、粮食等商品，害虫已在原材料上产卵或寄生，以后在加工过程中，又未采取杀灭措施，进仓后遇到适宜的条件，就会生长繁殖起来。

2. 商品和包装在加工或储存过程中感染害虫

商品和包装原材料在加工时，接触的加工设备、运输工具隐藏着害虫，或与已生虫的商品堆放在一起，受到感染等都会把害虫带入仓库。

3. 库房不卫生

仓库的墙壁、梁柱、门窗、垫板等缝隙中隐藏着害虫，以及库内的杂物、垃圾等未清干净而潜伏的害虫，在商品入库后危害商品。

4. 库外害虫侵入仓库

仓库外部环境中的害虫飞入或爬入库房内，在库内生长繁殖，危害商品。

（二）仓库害虫的生活特性

仓库害虫长时期生活在库房内，形成了一些特殊的生活习性。

1. 耐干性

干燥是商品仓储养护的要求之一，因此仓库害虫必须具备耐干的能力，才能适应这种环境。掌握仓虫在一定温度下，对一定商品的耐干能力是仓虫防治的有效办法之一。

2. 耐热耐寒性

仓库害虫能忍受的极限最高温度是48℃～52℃，这种状态如果继续保持，仓虫可以致死，但若不久温度下降到适宜温度，虫体仍可保持生命。仓虫对低温的适应性较强，当温度低于生长发育要求时，它就采取休眠的办法，一旦温度适宜，就活动起来。

3. 耐饥性

仓虫的耐饥性很强，有的仓库害虫耐饥能长达两三年。由于长期挨饿不死，它们就有可能在长时间没有食物的情况下被带到别处，等到环境适宜时又能繁殖发育。

4. 食性广而杂

真正的仓虫是多食性和杂食性的，可以植物、动物、无机物和有机物为食。

5. 繁殖能力强

多数仓虫在适宜的环境中一年四季能不断地繁殖，仓虫个体小、体色深，故数量少时不易发现，一旦发生则难以根除，稍不注意很快就会蔓延开来，对仓库商品造成巨大危害。

（三）仓库害虫的防治技术

仓库害虫的防治，应贯彻"以防为主，防治结合"的方针，掌握仓虫的发生规律和季节，根据商品的性质，做好防治工作。

1. 仓库害虫的预防

要杜绝仓库害虫的来源和传播，必须做好以下几点：

（1）搞好清洁卫生，使害虫无藏身之处，库外做到三不留（不留垃圾、不留杂草、不留污水），库内做到面面光，墙壁梁柱无缝隙。

（2）对入库商品严格检查验收和处理，防止带虫或虫伤商品、商品包装及工具器材等进入仓库。

（3）做好库房消毒工作，空仓可用消毒杀菌药剂等喷洒、熏蒸杀菌消毒。对已被害虫感染的商品、器材、包装、库房等认真处理，做好消毒工作。

2. 仓库害虫的药物防治

常用的防虫、杀虫药剂有以下几种：

（1）驱避剂。驱避剂的驱虫作用是利用易挥发并具有特殊气味和毒性的固体药物，使挥发出来的气体在商品周围经常保持一定浓度，从而达到避害虫的目的。这类药物常用的有樟脑精、二氯化苯、萘等。

（2）熏蒸剂。熏蒸剂能气化放出剧毒气体，通过呼吸系统毒杀机理，杀死害虫。熏蒸剂挥发的气体，渗透力很强，不仅能杀死商品外表的害虫，甚至能杀死商品内部的害虫，有的还对害虫的卵、幼虫、蛹、成虫等各个虫期都有效。属于这类药剂的有：氯化苦、溴甲烷、磷化铝等。

(3) 胃毒剂和触杀剂。通过胃毒、触杀作用杀灭害虫，有的也兼有熏蒸作用。常用于仓库和环境消毒杀菌的有敌敌畏、敌百虫等药剂。仓库害虫的防治技术，除了药物防治外，还有气调防治法、高低温防治法、物理防治法、生物防治法及辐射防治法等。

三、商品锈蚀及防治技术

金属材料制成的商品如保管不好，很容易发生锈蚀而影响外观，严重时将失去使用价值。因此，搞好金属商品的防锈工作是十分重要的。

（一）金属锈蚀的基本原理

金属与周围介质接触时，由于发生化学作用或电化学作用而引起的破坏叫作金属的腐蚀，一般也称锈蚀。金属的腐蚀主要有两种，即化学腐蚀和电化学腐蚀。

1. 化学腐蚀

金属与气体（如 O_2、H_2S、SO_2、Cl_2 等）接触时，在金属表面生成相应的化合物而受到破坏，称为化学腐蚀。这种腐蚀在低温情况下不明显，但在高温时就很显著。

2. 电化学腐蚀

在潮湿环境中，金属与水及溶解于水中的物质接触时，因形成原电池而发生电化学反应所受到的腐蚀，称为电化学腐蚀。这种腐蚀作用可以连续进行，以至金属由表及里受到严重损坏。

（二）影响金属商品锈蚀的主要因素

1. 金属生锈的内在因素

（1）金属本身不稳定。金属是由金属原子所构成，其性质一般较活泼。金属原子易失去电子成为阳离子而发生腐蚀，这是金属生锈的主要内在原因。

（2）金属成分不纯。生产日用工业品的金属，一般都含有杂质，金属成分不纯，在大气环境下表面形成电解质薄膜后，金属原子与杂质之间容易形成无数原电池，发生电化学反应而使金属受到腐蚀。

（3）金属结构不均匀。金属在机械加工过程中，也会造成变形不均匀，一般在金属材料的划伤处、焊接处、弯扩部位、表面不完整处等，都容易发生电化学腐蚀。

2. 影响金属生锈的外界因素

（1）空气相对湿度的影响。当相对湿度超过 85% 时，金属表面就易形成电解质液膜，从而构成了电化学腐蚀的条件。

（2）空气温度的影响。通常情况下，温度越高，金属商品腐蚀速度越快。

（3）腐蚀性气体的影响。空气中的二氧化碳对金属腐蚀危害很大。此外硫化氢、氯化氢、二氧化硫、氨气、氯气等气体，对金属都具有强烈的腐蚀性。

(4）空气中杂质的影响。空气中的灰尘、煤烟、砂土等杂质，附着在金属表面易产生原电池反应，造成金属商品的腐蚀。

（三）金属商品的防锈技术

1. 控制和改善储存条件

金属商品储存的露天货场应选择地势高、不积水、干燥的场地，要尽可能远离工矿区，特别是化工厂。较精密的五金工具、零件、仪器等金属商品，应选择便于通风和密封、地潮小、库内空气温湿度容易调节和控制的库房储存，严禁与化工商品、含水量较大的商品同库储存。金属商品入库时，必须对商品质量、包装等进行严格验收，合理安排好仓位、货架和货垫，并定期检查。仓库要保持干燥，相对湿度不要超过75%，防止较大的温差，以免使金属商品出现"出汗"现象。

2. 涂油防锈

涂油防锈是目前应用比较普遍的一种防锈方法。是在金属表面涂（或浸，或喷）一层防锈油薄膜，使金属商品与大气中的氧、水以及其他有害气体隔离。

3. 气相防锈

一些具有挥发性的化学药品在常温下会迅速挥发出气体物质，这些气体物质吸附在金属表面，可以防止和延缓金属商品的锈蚀。

4. 可剥性塑料封存

可剥性塑料是用高分子合成树脂为基础原料，加入矿物油、增塑剂、防锈剂、稳定剂以及防霉剂等制成的一种防锈包装材料。可剥性塑料有热熔型和溶剂型两种，前者加热熔化后，浸涂于金属商品表面，冷却后能形成一层塑料薄膜层；后者用溶剂溶解后，浸涂于金属表面，溶剂挥发后也能形成一层塑料薄膜层。这两种薄膜层都有阻隔外界环境不良因素防止金属商品生锈的效用，启封时用手即可剥除。

四、商品老化及预防技术

以橡胶、塑料、合成纤维等高分子材料为主要成分的商品，在储存或使用过程中性能逐渐变坏，以致最后丧失使用价值的现象称为"老化"。老化的主要特征是高分子商品出现发黏、龟裂、变脆、失去弹性、强度下降等性能改变现象。

（一）商品老化的内在因素

影响高分子商品老化的内在因素主要有：

1. 高分子化合物分子组成与结构的影响

组成高分子材料的高分子化合物分子链结构中，存在着不饱和的双键或大分子支链等。在一定条件下，易发生分子链的交联或降解。

2. 其他添加剂组分的影响

塑料中的增塑料剂会缓慢挥发或促使霉菌滋生；着色剂会产生迁移性色变；硫化剂会产生多硫交联结构，降低橡胶的耐老化能力等。

3. 组分中杂质的影响

在高分子化合物的单体制造、缩合聚合及高分子与添加剂的配合过程中，会带入极少量的杂质成分，它们对高分子商品的耐老化性有较大的影响。

4. 加工成型条件的影响

高分子材料在加工成型的过程中，由于加工温度等的影响，使材料结构发生变化而影响商品的耐老化性能。

（二）商品老化的外部因素

影响高分子商品老化的外部环境因素主要有：

1. 阳光

阳光（特别是光线中的紫外线）对高分子分子链及材料中各组分的老化起催化作用。

2. 空气中的氧气

氧气特别是臭氧也能加速高分子商品的老化。

3. 温度的变化

温度过高，使高分子材料变软或发黏；温度过低，使高分子材料变硬或发脆。

（三）商品防老化的方法

根据影响商品老化的各种内外因素，高分子商品的防老化可以采用以下方法：

1. 改变高分子化合物的工艺配方

通过改变高分子化合物的工艺配方，以达到改变高分子化合物的结构性能，可提高高分子商品的抗老化性。

2. 添加助剂

根据不同高分子材料所产生老化现象的机理，加工时在原料中添加抗氧剂、紫外线吸收剂、热稳定剂等各种防老剂，用以延缓高分子商品的老化。

3. 表面处理

在高分子材料表面浸喷涂料、金属粉末、蜡等做保护层，使之与空气、阳光、水分、微生物等隔绝，以达到延长老化时间的目的。

4. 加强管理、严格控制仓储条件，也是高分子商品防老化的有效方法。

项目小结

商品储运期间的质量变化主要有物理机械变化、商品的化学变化、商品的生理生化变化及其他生物引起的变化。物理机械变化具体包括：挥发、溶化、熔化、渗漏、串味、沉淀、沾污、破碎与变形；商品的化学变化具体包括：分解、水解、氧化、老化、腐蚀；商品的生理生化变化及其他生物引起的变化具体包括：呼吸作用、后熟作用、胚胎发育、发芽和抽苔、霉腐、发酵、虫蛀、鼠咬。影响商品质量变化的因素主要有空气中的氧、日光、微生物、空气温度、空气的湿度、卫生条件与仓库害虫、有害气体。商品霉腐的防治方法：加强库存商品的管理、化学药剂防霉腐、气调储藏防霉、紫外线防霉、微波防霉、红外线防霉、低温储防霉、干燥防霉。

典型实训

1. 观察一天当中的气温变化情况，总结气温一天当中的变化规律。

2. 联系相关粮食储备库，了解掌握相关科学储粮方法。在实训指导老师的指导下，参加粮库组织的粮仓检查、通风、密闭、熏蒸等一系列粮食储存期间的防护工作，并在实训指导老师的指导下写出实训报告。

项目八　食品类商品

【项目介绍】

民以食为天，食品类的商品同人们的生活息息相关。本项目主要介绍了常见食品类商品的分类、营养知识及鉴定方法。了解这些知识，既是从事相关商品买卖的前提，也有利于提升个人生活质量。

【学习目标】

能力目标：能够辨别常见的食品类商品，如酒、茶、乳制品等。

知识目标：知晓食品的营养成分，掌握酒、茶叶的分类、主要品种及鉴别方法，了解乳及乳制品知识。

社会目标：能够正确理解并将食品的营养知识运用到社会生产与实践中去，妥善处理食品卫生和食品安全问题。

【案例导入】

2011年5月28日上午国家质检总局新闻发言人李元平通报了台湾地区食品添加剂"起云剂"的有关情况。据李元平介绍，5月24日，台湾地区有关方面向国家质检总局通报，发现台湾"昱伸香料有限公司"制售的食品添加剂"起云剂"含有化学成分邻苯二甲酸二（2-乙基己基）酯（DEHP），该"起云剂"已用于部分饮料等产品的生产加工。邻苯二甲酸二（2-乙基己基）酯（DEHP）是一种普遍用于塑胶材料的塑化剂，在台湾被确认为第四类毒性化学物质，为非食用物质，不得用于食品生产加工。据媒体报道，"起云剂"能让饮料避免油水分层。DEHP会危害男性生殖功能，促使女性性早熟。

【案例解析】

台湾爆出的塑化剂事件引起人们对食品安全问题的广泛关注，这又是一起严重的食品安全事件。这次事件的影响极其恶劣，是对台湾的食品加工企业一个毁灭性的打击。尽管这并不是他们的错，但他们为此所承担的后果却是实实在在的。无数的产品被下架，在消费者人群中的信任度也会急剧下降。其实，有关食品安全的问题早已不是新鲜事了，"苏丹红""三聚氰胺"等事件早前也闹得沸沸扬扬。为什么食品安全问题就是屡禁不止呢？首先，公司治理结构不健全，企业诚信文化建设落后。再次，人们把企业仅仅看成一个经济实体，以追求利润最大化为最终目标，忽视其应承担的社会责任。最后，法律、法规不够健全，企业失信成本偏低。总之，企业的诚信缺失一方面反映了商家的利欲熏心和道德的沦丧，另一方面也反映了整个国家经济体制的缺失和不完善，对于消费者以及一个企业和国家的危害都不容小觑！发现问题并及时解决问题是改善我国企业目前状况的最佳途径，因此治理我国诚信缺失问题刻不容缓。

任务一　食品及营养知识

概要描述

本任务主要阐述了食品的概念及食品的营养成分。

任务分析

人们的生活离不开食品，食品类的商品同人们的生活息息相关。了解一些食品的营养知识，对于人们的生活和消费都是非常有益的。

任务处理

一、食品的概念

人类为了维持生命，必须从外界获得营养。能够供人体正常生理功能所必需的成分和能力的物质称为营养素，含有营养素的物料称为食品或食料。食物既是人体生长发育、更新细胞、修补组织、调节机能必不可少的营养物质，又是产生热量以保持体温、进行体力活动的能源。为了适应人们的饮食习惯和爱好，工厂利用各种动物、植物、食物为原料，经过不同的加工处理，制成形态风味、营养价值不同的加工品。经过加工制作的食物统称为食品。

二、食品的营养成分

食品中含有的营养成分有糖类、脂肪、蛋白质、膳食纤维、维生素、矿物质、水等七大类。供给人体能量的蛋白质、糖类、脂肪称为三大营养素。有一些人体不能合成，或合成速度较慢，不能满足肌体需要，必须由外界供给，这些小分子物质称为必需营养素，如必需氨基酸、必需脂肪酸、维生素、矿物质和水等。所以，它们是维持人体的物质组成和生理机能不可缺少的要素，也是生命活动的物质基础。

（一）糖类

糖类是指多羟基醛、多羟基酮及衍生物。该类化合物由碳、氢、氧三种元素组成，其分子中氢和氧的比例与水相同，为2:1，故又称碳水化合物。

糖类的生理学功能是多方面的：

1. 为生物体提供能量是糖类最主要的生理功能

人体所需能量的50%~70%来源于糖，每克碳水化合物完全氧化可产生16.3kJ的热能。大脑是人体中最重要的器官之一，大脑需要的能量只能来源于葡萄糖的氧化。葡萄糖作为大脑唯一的能源物质，对维护中枢神经功能的健全具有重要意义。若血液中葡萄糖水平长期偏低，出现低血糖，则会对大脑产生不良影响。

2. 糖类是肌体重要的碳源

糖代谢过程中，产生的中间产物可转化为人体需要的其他含碳化合物（如氨基酸、脂肪酸、核酸等），为人体的生长发育提供物质基础。

3. 糖类是构成人体细胞、组织的基础物质

例如，核糖和脱氧核糖是细胞中核酸的构成成分；糖与脂类形成的糖脂是构成神经组织与细胞膜的重要成分；黏多糖与蛋白质合成的粘蛋白是构成结缔组织的基础物质。

4. 糖类参与构成人体内某些生理活性物质

免疫球蛋白、某些酶和激素是糖与蛋白质结合生成的糖蛋白，这些糖衍生物在体内起着特定的代谢调节、免疫保护等作用。糖的磷酸衍生物可以形成许多重要的生物活性物质，如 NAD^+、FAD、ATP 等。

（二）脂肪

脂肪是指三脂肪酸甘油酯，又称甘油三酯，构成脂肪的脂肪酸有多种，常分为饱和脂肪酸和不饱和脂肪酸两类，不饱和脂肪酸又可分为单不饱和脂肪酸和多不饱和脂肪酸两类。

标准体重的人体所含的脂肪量约为体重的14%~19%，人体内脂肪的含量常随营养状况、能量消耗等因素发生改变。

脂肪在人体内的作用是多方面的，主要表现在以下五个方面：

1. 氧化供能

脂肪是体内的能量贮存仓库。当人体通过食物吸收的营养（主要是糖和脂肪）过多时，这些营养物质就被转变成脂肪贮存起来。当体内糖含量不足时，人体会自动启动脂肪的氧化，产生能量，维持肌体生命活动的正常进行。

2. 调节体温平衡

由于脂肪的热导率低,具有良好的保温作用,故皮下脂肪层具有维持人体体温平衡、保护体内对温度敏感的组织和器官的作用。皮下脂肪的保温作用还能防止能量过度散失,提高能量利用效率。

3. 保护体内组织、器官

在体温条件下,脂肪多为液态或半液态,具有良好的弹性和缓冲作用。一方面,皮下脂肪层能够分散外界作用在人体上的各种作用力,保护人体的肌肉、骨骼等组织;另一方面,分布填充在各内脏器官之间的脂肪,可使器官免受震动和机械损伤,避免或减弱内伤的发生。

4. 为人体提供所需要的脂肪酸

人体生长发育需要多种脂肪酸,尤其是不饱和脂肪酸,这些脂肪酸在人体中具有多方面的生理作用。例如,它们可用于磷脂的合成,构成细胞的膜结构,是前列腺素的合成原料等。

5. 促进吸收脂肪可促进人体对脂溶性物质(如维生素 A、维生素 D、维生素 E 等)的吸收与利用,是人体中某些生化反应的介质。

(三) 蛋白质

蛋白质是由氨基酸按一定序列通过肽键连接而成的高分子化合物。蛋白质是生命的物质基础,它是与生命及各种形式的生命活动紧密联系在一起的物质。没有蛋白质就不可能有生命形式的存在。蛋白质占人体重量的 16% ~ 20%。人体内蛋白质的种类很多,性质、功能各异。

蛋白质的生理学功能是多方面的:

1. 蛋白质是人体最基本的结构性物质

蛋白质是构成机体组织、器官的重要成分,人体各组织、器官无一不含蛋白质。蛋白质还是进行组织修复、衰老组织更新的重要物质。

2. 蛋白质是人体中最基本的功能性物质

具体体现在多个方面:蛋白质作为人体内一些生理活动性物质(酶、激素、抗体等),在体内起着生物催化、代谢调节、免疫保护等作用;蛋白质参与了体内物质的转运和存储,如氧和二氧化碳在体内的运输是依赖血红蛋白完成的;蛋白质是人体活动与支持的基本载体,如肌肉收缩依赖于肌球蛋白和肌动蛋白,有肌肉收缩才有躯体运动、呼吸、消化、血液循环等生理活动;此外,蛋白质还具有细胞间信息传递等多方面的生理学功能。

3. 与糖类、脂肪类似,蛋白质也具有氧化供能的作用

尤其是当体内糖、脂肪含量不足时,其在这方面的作用更加突出。

(四)膳食纤维

膳食纤维主要是不能被人体利用的多糖,即不能被人类的胃肠道中消化酶所消化的,且不被人体吸收利用的多糖。

(五)维生素

维生素俗称维他命,是维持人体生命活动必需的一类有机物质,也是保持人体健康的重要活性物质。维生素是人体代谢中必不可少的物质。

维生素根据其溶解情况不同,大致可分为水溶性维生素和脂溶性维生素两类。

水溶性维生素易溶于水,不易溶于非极性有机溶剂,如维生素C、B族等。水溶性维生素从肠道吸收后,通过循环到肌体需要的组织中,多余的部分大多由尿排出,故在体内储存很少。

脂溶性维生素易溶于非极性有机溶剂,不易溶于水,如维生素A、维生素D、维生素E等。

(六)矿物质

矿物质又称无机盐,是人体必需的无机物质的总称。在人体中矿物质是无法自身产生、合成的,必须通过食物摄取。

人体重量约96%是有机物和水分,4%为矿物质,人体内约有50多种矿物质,在这些无机物质中,已发现有20种左右的元素是构成人体组织、维持生命功能、参与生化代谢所必需的,这些矿物质根据人体的需要量不同,大致可分为常量元素和微量元素两大类。常量元素是指人体需要量较大的元素,如钙、磷、钾、钠、氯、硫、镁等,铁、锌、铜、锰、钴、钼、硒、碘、铬等也是人体必需的元素,但需要量很少,故称为微量元素。

(七)水

人体的含水量为体重的60%~70%,婴儿在70%以上。正常情况下,成人每天需水约2L,其中60%来自饮水,40%由食品中的水分和营养成分消化时产生的代谢水或氧化水提供。如果人体失水20%,生命就难以维持,因此水对人体十分重要。

水的主要功能有:食品中的营养成分只有在水溶液中才能被人体吸收;水直接参与人体各种生理活动,如营养成分的代谢、酶的催化、渗透压的调节等;营养成分的消化要依靠水的参加,消化后的物质也要靠水把它们运送到各部组织,并依靠水把废弃物排出体外;血液中的水分随着血液的循环参与各种生理活动和保持正常的体温。

任务二 酒

概要描述

酒属于副食品中的饮料类。酒的品种繁多，分类的方法也有多种。主要有白酒、啤酒、葡萄酒、黄酒等，不同种类的酒有不同的感官鉴定方法。

任务分析

通过对本任务的学习，掌握酒的主要品种类别及质量评定方法。

任务处理

酒的主要品种有白酒、啤酒、葡萄酒、黄酒等，从不同酒的分类开始，逐步认识酒的种类、成分组成及感官质量评定。

酒属于副食品中的饮料类。酒中含有酒精成分，具有一定的刺激性。中医认为适量饮酒具有加快血液循环、消除疲劳等作用。黄酒、啤酒、葡萄酒等发酵酒，由于其中含有人体所需的多种营养成分，适量饮用，有益于人体健康。蒸馏酒的主要成分为酒精，且含量较高，刺激性大，过量饮用对身体健康是不利的。

一、酒的分类

酒的品种繁多，分类的方法也有多种。日常生活中常用的酒的分类方法主要有以下三种：

（一）按生产工艺分类

按生产工艺不同，通常将酒分为发酵酒、蒸馏酒和配制酒三类。

1. 发酵酒

发酵酒是指以粮食、谷物、水果、乳制品等为主要原料，发酵后，经过滤工艺所获得的酒。黄酒、啤酒、干型葡萄酒等均为此类。发酵酒中的酒精含量较低，多为低度酒。

2. 蒸馏酒

蒸馏酒是指发酵完成后，经蒸馏工艺所获得的酒。白酒、威士忌、白兰地、伏特加、朗姆酒等均为此类。蒸馏酒中的酒精含量较高，多为高度酒或中度酒。

3. 配制酒

配制酒包括药酒、保健酒、露酒、调味酒等类别。药酒是指用蒸馏酒为酒基，配加中药材制成的酒，这类酒具有一定的防病、治病的功效，如虎骨酒等。保健酒是指用蒸馏酒为酒基，配加保健营养物品加工制成的酒，这类酒具有一定的营养和保健功能，如人参酒、鹿茸酒等。露酒是用蒸馏酒或食用酒精、花果类芳香原料、色素等配制而成的酒，如青梅酒、橘子酒、玫瑰酒等。调味酒是指用发酵酒或蒸馏酒、果汁等为原料，经过调味配制而成的酒，如鸡尾酒等。

（二）按酒中酒精含量分类

酒中的酒精含量通常用酒度表示。酒度是指酒液中酒精含量的体积百分比。按酒精含量不同，通常将酒分为高度酒、中度酒和低度酒三类。

1. 高度酒

高度酒一般是指酒度在40度以上的酒，如大多数的白酒、白兰地、伏特加等。

2. 中度酒

中度酒一般是指酒度在20~40度的酒，如低度白酒、低度伏特加等。

3. 低度酒

低度酒一般是指酒度在20度以下的酒，如啤酒、干型葡萄酒、黄酒等。

（三）按商业经营习惯分类

在我国，按商业经营习惯不同，通常将酒分为白酒、啤酒、葡萄酒、黄酒、杂果酒等若干类。

二、酒的感官鉴定方法

（一）白酒的感官质量评定

白酒的感官评价指标主要包括状态与色泽、香气和滋味。

1. 状态与色泽

在评酒杯中观察酒液，要求酒液澄清、透明，无悬浮物和沉淀物，酒液应无色。陈化期较长的高档白酒，允许带有极微的浅黄色。

2. 香气

白酒的香气是通过人们的嗅觉来检验的。以香气的浓淡、纯正度、香型、异味的有无来判定。

白酒的香气可从溢香、喷香和留香三个方面考查。溢香是白酒中的芳香物质溢散于杯口附近所形成的香气，它很容易使人闻到，也称闻香。当酒液进入口腔后，由于温度差的作用，香气物质迅速挥发，充满整个口腔，这叫喷香。当酒液咽下后，口中香气缭绕，经久不散，这叫留香。白酒都应具有良好的溢香，名酒和优质酒不仅应有良好的溢香，还应有良好的喷香和留香，白酒不应有异味，如焦味、糠味、泥味、腐臭味等。

3. 滋味

滋味是通过味觉来鉴定的，白酒滋味与香气有密切的联系。香气较好的白酒，其滋味也较好，一般来讲，白酒的滋味要求纯正，无强烈的刺激性，名酒和优质白酒还要求滋味醇厚、绵软、悠长、甘洌、回甜，入口时有愉快舒适感。

(二) 啤酒的感官质量鉴定

啤酒的质量评定与白酒类似，其感官质量指标主要包括透明度、色泽、泡沫、香气和滋味。

1. 透明度

啤酒的色泽虽有深浅之分，但都要求酒液澄清、透明，不能有悬浮物和沉淀物。

2. 色泽

啤酒色泽的深浅程度因品种的不同差异很大，淡色黄啤酒的色泽应呈浅黄至金黄色；浓色黄啤酒的色泽应呈棕黄色；黑啤酒的色泽应呈咖啡色。

3. 泡沫

啤酒的泡沫对啤酒的质量和风味具有重要的意义。啤酒应具有充沛的泡沫，且泡沫细腻、持久，高档啤酒的泡沫应能挂杯，黄啤酒的泡沫应洁白。啤酒的泡沫特征与啤酒中二氧化碳的含量及表面活性物质（如蛋白质、酒花树脂、酒精等）的浓度有关，其中前者决定泡沫是否充沛；后者决定泡沫的细腻、持久程度。我国啤酒要求二氧化碳含量不得低于 0.3g/100g。

4. 香气和滋味

啤酒应具有酒花的清香和麦芽香，黄啤酒要求酒花清香突出，黑啤酒则要求有较明显的麦芽香。

啤酒的滋味应具有爽口愉快的感觉，黑啤酒还要求口味醇厚，不能有其他异味。

(三) 葡萄酒的感官质量评定

葡萄酒的质量可以从感官和理化两个方面进行鉴定，在我国以感官鉴定为主。感官指标及其质量要求主要有以下四项：

1. 外观

外观包括色泽、透明度及起泡情况。

色泽：要求具有与葡萄果实相近的天然颜色并富有光泽。白葡萄酒应呈麦秆黄色、晶亮；红葡萄酒应呈近似宝石红色，不应呈深棕褐色；白兰地的色泽应呈淡黄色。

透明度：任何品种的葡萄酒都应澄清、透明，无浑浊和沉淀，也不能有悬浮物。

起泡情况：起泡葡萄酒应含有充沛的二氧化碳，倒入酒杯中，泡沫立即升起，要求泡沫洁白、细腻、持久。大香槟在开瓶时，要求瓶塞能被气压冲出有一定高度，发出清脆的声响。

2. 香气

葡萄酒应具有葡萄鲜果的清香和酒香，且两者配合和谐，不应有其他异味。

3. 滋味

不同种类的葡萄酒其滋味有一定区别。干葡萄酒的滋味应清快、爽口、舒适洁净，丰满和谐；甜葡萄酒醇厚爽口，酸、涩、甘、馥各味和谐，爽而不薄，醇而不烈，甜而不腻，馥而不艳（不飘）。各种葡萄酒在口感上均要求口味醇厚，酒质细腻，爽口，回味绵长。

4. 典型性

葡萄酒，尤其是其中的名酒，都应具有各自独特的风格，即典型性。例如，干白葡萄酒应具有清新、爽、利、愉、雅感；干红葡萄酒应具有清、爽、愉、醇、幽感；甜白葡萄酒的风格中把"利"改为"甘"；甜红葡萄酒的风格应具有爽、馥、酸、甜感，各味应和谐统一。葡萄酒的典型性很大程度取决于葡萄品种和果实的品质，所以名酒都有特定的葡萄原料，以保持它们应有的典型性。

任务三 茶叶

本任务主要阐述茶叶作为一种非常重要的农副产品,它的分类及质量评定。

通过对本任务的学习,掌握茶叶的主要分类有哪些;了解茶叶的质量评定在具体实践中的应用。

一、茶叶的分类

在商业经营中,按照茶叶的制造方法不同,并结合茶叶的特点,常将茶叶分为红茶、绿茶、乌龙茶、白茶、黄茶、黑茶、花茶等若干类。

(一) 红茶类

红茶为发酵茶,因其茶汤、叶底的色泽均为红色而得名。按外形及内在特点不同,红茶又分为小种红茶、工夫红茶、红碎茶三个小类。

(二) 绿茶类

绿茶为不发酵茶,因其干茶色泽和冲泡后的茶汤、叶底的色泽以绿色为主基调而得名。绿茶按杀青和干燥方法不同,一般分为炒青、烘青、晒青和蒸青绿茶四类。

(三) 乌龙茶类(青茶类)

乌龙茶又称青茶,属于"半发酵"茶。乌龙茶是我国的特产,主要产于福建、广东、台湾三省,以福建的产量和品种最多。

乌龙茶兼有红茶和绿茶的优点，是两者的完美结合。乌龙茶成品的特点是：条索较为粗壮，稍疏松；香气、滋味既有绿茶的鲜爽，又有红茶的甘醇；茶汤金黄或橙黄，清澈、明净；叶底红绿相间，具有绿叶红镶边的特点。

乌龙茶按产地不同，分为闽北乌龙、闽南乌龙、广东乌龙和台湾乌龙四类。

（四）白茶类

白茶最主要的特点是毫色银白，素有"绿妆素裹"之美感，且芽头肥壮，汤色黄亮，滋味鲜醇，叶底嫩匀。白茶冲泡后品尝，滋味鲜醇可口。此外，白茶还具有一定的药理作用，中医认为，白茶性清凉，具有退热降火之功效。

白茶的主要品种有银针、白牡丹、贡眉、寿眉等。

（五）黄茶类

黄茶的典型特点是"黄叶黄汤"，属于轻发酵茶。黄茶的黄色是制茶过程中进行闷堆渥黄的结果。黄茶分为黄芽茶、黄大茶和黄小茶三类。

（六）黑茶类

因成品茶的外观呈黑色，故名黑茶。黑茶属于全发酵茶。黑茶采用的原料较粗老，通常压制成紧压茶。黑茶按产地不同，主要分为湖南黑茶、广西黑茶、四川黑茶、云南黑茶（普洱茶）及湖北黑茶。

（七）花茶类

花茶属再制茶，是用绿茶、红茶、乌龙茶的毛茶为茶胚，经窨花而制成。茶叶经窨花后，增加了特定的花香，且香气浓郁、清新，极富吸引力。

花茶常按窨花时使用的鲜花不同而进行再分类，如茉莉花茶（香气馥郁芬芳，清鲜甘美）、玉兰花茶（香气浓烈，余香甘厚）、珠兰花茶（香气馥邻清雅，鲜纯爽口）等。

二、茶叶的质量评定

茶叶的质量评定采用以感官质量指标（色、香、味、形等）为主，理化质量指标（水分、灰分、农药残留量等）为辅的原则进行。

茶叶的感官质量审评分为外观审评和内质审评两个方面。

（一）茶叶的外观审评

茶叶的外观审评工具有审茶盘、天平等。

首先按规定要求取样，取样量为成品茶250g左右，毛茶500g左右。将茶样放入审茶盘中，用规定手法双手摇动审茶盘，使茶样在审茶盘的中央形成一个"馒头状"的小茶堆。由于茶叶条索的轻重程度不同，茶叶条索会按大小、长短、整碎有序地分布在不同层次上。一般疏松、粗大的条索浮于上层，称为"面张"；细小的条索或碎末分布在底层，称为"下脚"；而中层多为较匀整的条索，称为"中段"。通过检查下脚茶、面张茶所占的比例等各项指标来确定茶叶的品质。

外观审评包括外形、色泽、净度、干度四项指标。

1. 外形审评

一般要求，茶叶应具有本品种所特定的条索形态，且大小整齐，条索细紧，"面张"的比例越低越好，同时还应具有良好的嫩度。

嫩度是决定茶叶品质的最基本因素。一般来说，嫩度好的茶叶，容易符合该茶类的外形要求，条索细紧，大小整齐。此外，还可以从茶叶有无锋苗来鉴别。锋苗好，白毫显露，表明嫩度好。但不能仅从茸毛多少来判别嫩度，因为不同品种所采用的茶树品种和加工工艺各不相同，如极品的狮峰龙井体表也是无茸毛的。以茸毛的多寡作为判断茶叶嫩度的依据，只适合于毛峰、毛尖、银针等"茸毛类"茶。

2. 色泽审评

茶叶色泽与原料嫩度、加工技术、茶的新陈有密切关系，无论何种茶叶，均以具有本茶种的标准色泽，色度光艳，光泽明亮，油润鲜活，色泽均匀者为好。如果色泽不一，色度深浅不同，且暗而无光，则说明原料粗老，做工差，品质劣。

在进行色泽审评时，首先要看茶叶色泽是否纯正，是否符合该茶类应有的色泽特征；其次看色度的深浅，光泽的枯润、明暗，有无杂色等。

3. 净度审评

茶叶的净度是指茶叶中杂质含量的多少。茶叶为农副产品，其生产加工完全是在开放条件下进行的，很难完全避免杂质的混入。茶叶中的杂质分为两类，一类是茶类杂质，另一类是非茶类杂质。茶类杂质是指来源于茶树的杂质，如茶片、茶梗、茶籽等。非茶类杂质是指与茶树无关的杂质，如制作过程中混入的竹屑、木炭、泥沙、草叶、树叶、头发等。

一般来说，成品茶叶中不允许存在任何非茶类杂质，中高档茶中也不允许含茶类杂质，低档茶中允许存在少量的茶类杂质。

4. 干度审评

干度是指茶叶中水分含量的多少。茶叶中的含水量与茶叶的品质和储存性关系密切，茶叶中的含水量越少越好。茶叶干度的评审主要通过触觉和听觉检验实现。用手握住一定量的茶样，稍稍用力，如果茶样很容易握碎，且声音清脆，则说明含水量较低，符合要求；如果不容易握碎，且有较强的刺手感，则说明含水量偏高。对于条形茶，也可以取一根茶叶条索，用两手轻轻掰断，看掰断时条索弯曲的程度，同时听断裂声音是否清脆,以此判断含水量的高低。

(二) 茶叶的内质审评

茶叶的内质审评工具有审茶杯、审茶碗、叶底盘、天平、热水器等。

首先将干评时抽取的茶样在审茶盘中混合均匀,然后用取样匙取样,取样量为3g(乌龙茶为5g)。将茶样加入审茶杯中,冲入100℃的开水约150mL,浸泡5分钟后,将茶水倾入审茶碗中,叶底仍留在审茶杯中,然后开始审评。

内质审评包括香气、汤色、滋味和叶底四项指标。

1. 香气审评

香气审评一般是通过嗅闻留在审茶杯中的茶叶所散发出来的香气来完成。闻香时不要把杯盖完全掀开,只需端起审茶杯接近鼻子,稍稍将杯盖打开一条缝,闻后立即盖好,放回原位,茶叶的香气在热、温、冷时的差别很大,一般情况下,热时香气高,区别比较明显;温冷时闻香,可以判定特殊的香味和香气的持久性。每次闻香时间不能过久,否则容易使嗅觉钝化。

香气的审评主要区别香味高低,持续时间的长短,是否纯正,有无异味等。

不管哪种茶,均以香气浓郁,留香持久,无任何异味者为优,对于茶叶中的名品,还应具有特定的香型。

2. 汤色审评

绿茶的汤色以淡绿、清澈者为优。乌龙茶以橙黄或金黄、清澈明亮者为优,花茶以浅黄色、清澈明亮者为优,红茶以色泽艳红、清澈明亮者为优。

3. 滋味审评

茶叶滋味的审评方法是:吮吸一小口茶汤,不要直接咽下,用舌头在口腔内转动两三次,使整个舌面均被茶汤所浸润,然后吐出或徐徐咽下;之后,体会茶汤入口时、在口腔中的感觉和回味。

滋味审评的要点有以下几点:

(1) 茶味的浓淡与强弱:茶汤入口时,茶味圆滑甘润、醇厚者为佳;反之,苦涩味重、味淡者为次。

(2) 茶味的感应性:茶汤入口后,能使舌、鼻、喉立即起感应者为优。

(3) 茶味的纯洁性:茶味清纯、鲜明,无青嗅味、陈味或其他异味。

(4) 茶味的喉润性:回甘程度愈深厚愈甘甜愈佳,在喉部有爽然的余韵者更佳。

一般来说,绿茶以入口时稍有涩感,而后很快回甜,口感清爽者为优;红茶以滋味醇厚,回味甘甜者为优;乌龙茶以兼有绿茶的甜爽和红茶的醇厚者为优。

4. 叶底审评

从茶叶叶底的状态可以反映原料鲜叶的老嫩。茶叶叶底的审评方法是将审茶杯中的叶底倒入叶底盘中，观察叶底中芽的多寡，芽叶的大小、整齐程度，叶片的厚度、柔性，叶底的色泽等。

一般来说，绿茶、红茶、花茶中芽的含量越多越好，叶片（包括芽）大小越整齐越好，叶片越厚越软越好。叶底的色泽由于茶类的不同而不同，红茶叶底以鲜红明亮者为优；绿茶以淡黄绿色为正常的色泽；乌龙茶的叶底应红绿相间，绿叶红镶边，其叶脉和叶缘部分为红色，其余部分为绿色。

任务四 乳及乳制品

概要描述

本任务主要阐述乳的化学组成及乳制品的分类。

任务分析

通过对本任务的学习,掌握乳的化学组成,了解乳制品的分类情况。

任务处理

乳也称乳汁,是指哺乳类动物为哺育新生幼畜,从母体乳腺中分泌的一种乳白色的乳浊液。乳制品也称乳品,是指以乳为主要原料加工制成的各种食品的总称。

一、乳的化学组成

不管是哪种哺乳动物的乳,其化学成分按物质类别来看都是基本相同的,都含有水、蛋白质、乳脂肪、乳糖、矿物质、维生素、生物活性物质若干类。但不同种类的乳中,各类成分的含量略有不同。以牛乳为例,其化学组成大致如下:

(一) 水分

牛乳中的水分是由乳腺细胞所分泌的,它溶有牛乳中的各种固体物质,也是幼畜吸收这些营养物质的媒介。牛乳中的含水量在80%~90%,一般为87%左右。牛乳中的水分分为游离水与结合水。结合水与蛋白质、乳糖、盐类结合存在。

(二) 乳脂肪

牛乳中的脂肪以细小球形粒形态悬浮于水中,含量一般在3%~5%。乳脂肪与乳及乳制品的特有风味密切相关。乳脂肪中还溶有磷脂、固醇、色素及脂溶性维生素等。

(三) 蛋白质

牛乳中蛋白质的含量为3%~4%。其中，酪蛋白约占蛋白总量的83%，它含有人体必需的所有氨基酸，是乳及乳制品高营养价值的主体；乳白蛋白约占13%，它是乳中的天然免疫体；乳球蛋白和少量的脂肪球膜蛋白约占4%，牛乳中蛋白质的含量是衡量其质量的重要指标，也是影响其加工性能的重要指标。

(四) 乳糖

乳糖是乳汁中特有的成分，在牛乳中的含量为4%~6%。乳糖为双糖，水解后生成葡萄糖和半乳糖。乳糖不易溶于水，甜味也比蔗糖低。

(五) 矿物质

乳汁中矿物质的含量约为0.7%，含量虽少，但种类齐全。人体生长发育所需要的所有矿物质，在牛乳中几乎都能找到，且均为水溶性，易吸收。因此，牛乳在营养上有着重要的作用。

(六) 维生素

牛乳中的维生素含量非常丰富，既有脂溶性的维生素A、D、E、K，也有水溶性的维生素B_1、B_2、B_6、B_{12}、C，烟酸、泛酸、叶酸等。维生素A在普通煮沸条件下，一般不会被破坏，B族维生素和维生素D对热也较稳定，所以，在乳制品中这些热稳定性良好的维生素的含量较高。

(七) 酶

鲜乳中存在各种活性生物酶，如过氧化物酶、还原酶、解脂酶、乳糖酶等，这是母乳喂养能提高幼体免疫力的基础。鲜乳经加工成乳制品后，这些生物酶大部分被破坏，失去其生理活性。

(八) 乳中的其他物质

乳中除上述成分外，还有一些其他物质，虽然数量不多，但对乳的质量、理化性质、食用品质等均有一定影响。其他物质主要还包括磷脂、胆固醇、色素等。

二、乳制品的分类

(一) 按原料乳种类分类

按原料乳种类不同，通常将乳制品分为牛乳制品、羊乳制品、马乳制品等若干类，由于日常生活中人们所使用的乳制品绝大多数是用乳牛乳（牛乳）加工制成的，所以通常所说的乳制品指的是牛乳制品。

(二) 按产品的形态和生产工艺分类

按乳制品的产品形态和生产工艺不同，通常将乳制品划分为灭菌乳、乳粉、乳脂、炼乳、干酪、酸乳、冰淇淋等若干个类别，参见表8-1。

表8-1 乳制品的分类

分类	品种	定义
灭菌乳	灭菌纯牛（羊）乳	以牛乳（或羊乳）或复原乳为原料，脱脂或不脱脂，不添加辅料，经超高温瞬时灭菌、无菌罐装或保持灭菌制成的产品
	部分脱脂灭菌乳	以牛乳或羊乳为原料，脱去部分脂肪，经巴氏杀菌制成的液体产品
	脱脂灭菌乳	以牛乳（或羊乳）为原料，脱去全部脂肪，经巴氏杀菌制成的液体产品
	灭菌调味乳	以牛乳（或羊乳）或复原乳为主料，脱脂或不脱脂，添加辅料，经超高温瞬时灭菌、无菌罐装或保持灭菌制成的产品
乳粉	普通乳粉	以乳为主要原料，添加或不添加食品添加剂、食品营养强化剂、辅料，脱脂或不脱脂，经浓缩、干燥制成的粉状产品
	配方乳粉	以乳为主要原料，加入适量的维生素、矿物质、牛磺酸、低聚果糖等营养强化剂及功能因子，经加工制成的粉末状产品
乳脂	稀奶油	以乳为原料，离心分离出脂肪，经杀菌处理制成的产品，乳白色黏稠状，脂肪球保持完整，脂肪含量为25%~45%
	奶油	以乳为原料，破坏脂肪球使脂肪聚集得到的产品，为黄色固体，脂肪含量达80%以上
	无水奶油	以乳为原料，分离得到黄油之后除去大部分水分的产品，其脂肪含量不低于98%，质地较硬
炼乳	淡炼乳	以乳为原料，真空浓缩除去水分之后不加糖，经装罐灭菌制成的浓缩产品，质地黏稠
	甜炼乳	以乳为原料，真空浓缩除去水分之后，加糖达产品重的45%~50%制成的浓缩产品，质地黏稠
干酪	原干酪	在原料乳中加入适当量的乳酸菌发酵剂或凝乳酶，使蛋白质发生凝固，并加盐，压榨排除乳清之后的产品
	再制干酪	用原干酪经再加工制成的产品
冰淇淋	乳冰淇淋	乳脂肪不低于6%，总固形物不低于30%的冰淇淋
	乳冰	乳脂肪不低于3%，总固形物不低于28%的冰淇淋
酸乳	酸乳	在液态乳中加入保加利亚乳杆菌和嗜热链球菌，经乳酸发酵而制成的凝乳状制品
其他乳制品	乳清粉、干酪素	如酪蛋白或乳清蛋白浓缩产品等，主要用作食品工业生产的原料，基本上不直接食用

项目小结

本项目介绍了食品的概念,并对食品中含有的七大营养成分糖类、脂肪、蛋白质、膳食纤维、维生素、矿物质、水等进行了简要描述,此外,介绍了常见食品类商品,如酒、茶叶的分类及鉴定方法,阐述了乳的化学组成及乳制品的分类情况。

典型实训

实训题

茶叶的感官审评

【实训目的】学习茶叶的审评方法、步骤,了解各类典型茶叶的质量状况和标准。

【实训内容】

1. 茶叶的外形审评:通过检查,观察各种茶叶的外形、嫩度、净度和干茶色泽,看茶叶是否合乎标准规格的要求。

2. 茶叶的内质审评:通过检查茶叶的香气、汤色、滋味和叶底,看茶叶的内在质量是否合乎质量指标。

项目九 日用工业品商品

【项目介绍】

日用工业品商品是指满足人们日常生活使用的工业产品,俗称日用百货。它们种类繁多,为我们的生活增加便利,在我们生活中占据了相当重要的地位。本项目主要介绍塑料制品、玩具箱包、日化类商品的成分构成、种类划分、质量检验等知识。

【学习目标】

能力目标:知晓生活中哪些商品属于日用工业品商品,并能结合实例指出日用商品具体分类和组成成分,懂得日用商品的质量鉴别的基本方法。

知识目标:掌握日用工业品商品的概念,以及种类划分方法。

社会目标:知晓不同的日用工业品商品的种类划分,能够将日用商品的质量鉴别方法应用到社会生产与实践生活中。

【案例导入】

据《中外玩具制造》2014年8月号:被称为"史上最严"的欧盟玩具安全新指令自2013年7月起全面实施。本文通过去年7月至今年6月新规施行这一年来欧盟召回的中国玩具案例分类统计,对玩具召回涉及的化学危险这第一大不安全因素进行分析,并针对新指令中的有害化学物质所涉及的玩具类型和玩具材料进行归纳。出口玩具企业可从中了解最新资讯和汲取经验教训,采取有效的措施更好地应对新指令,从源头上提高出口欧盟玩具质量安全控制水平,避免召回风险。

欧盟一直是中国玩具出口的主要市场，而中国玩具占欧盟全部玩具进口量的八成以上。欧盟于2009年6月30日发布号称"史上最严格"的玩具法规——欧盟新《玩具安全指令》（2009/48/EC指令），明确禁止在玩具中使用任何致癌、诱变或危害人类生殖力的物质，限制的有毒有害化学物质从之前的8种增加到85种，还明确玩具产品应满足包括REACH指令在内的欧盟通用化学品法规要求，并且规定在2013年7月20日后，欧盟市场上销售的玩具必须全部符合新指令的要求。这些法案及标准的陆续实施不仅加重我国玩具企业的生产成本，而且进一步抬高欧盟玩具市场的准入门槛。

【案例解析】

欧盟运用非食品类消费品快速预警系统（简称RAPEX系统），从2004年2月9日开始每周在网上通报一次，提供与公众直接相关的信息并发布预警，以及从市场上撤下危险产品，或从消费者手中召回该产品，以保障消费者不受伤害。目前，RAPEX系统的参与国总共有30个，包括欧盟全部27个成员国以及3个欧洲自由贸易联盟/欧盟经济区成员国（冰岛、挪威和列支敦士登）。自欧盟RAPEX系统实施以来，每年都有不少中国生产玩具因质量安全问题被通报召回。

中国生产玩具因质量安全问题被欧盟RAPEX通报/召回的案例，说明中国玩具仍然存在着许多不符合欧盟玩具安全标准规定的产品。玩具及其高风险原料中的化学危险已经成为中国生产玩具被欧盟RAPEX通报/召回的第一大不安全因素，占欧盟RAPEX通报/召回原因总数的48.2%。化学危险因素包括①重金属（如铅、钡、镉、铬等元素）；②邻苯二甲酸酯类增塑剂；③禁用偶氮染料；④短链氯化石蜡；⑤甲醛；⑥其他有害化学物质（如富马二甲酸酯、亚硝胺、多环芳烃、致癌或致敏物质、电池所含化学物质等）。

任务一 塑料制品

概要描述

本任务主要阐述塑料制品的特性、种类划分、质量要求和鉴别方法。

任务分析

塑料集金属的坚硬性、木材的轻便性、玻璃的透明性、陶瓷的耐腐蚀性、橡胶的弹性和韧性于一身。除了日常用品外，塑料更广泛地应用于航空航天、医疗器械、石油化工、机械制造、国防、建筑等各行各业。学习塑料制品的特性、种类划分、质量要求和鉴别方法，能更好地了解不同种类塑料制品应用领域和使用方法。

任务处理

一、塑料的概念与特征

（一）塑料的概念

塑料是一种以高分子的合成树脂为主要成分，通过加温和加压等工序塑制成型，在外力解除后能够在常温下保持形状不变的材料。

（二）塑料的特征

塑料作为一种用途广泛的合成高分子材料，是人们生活中不可缺少的助手，具有以下优越性能：

1. 塑料具有可塑性

可塑性就是可以通过加热的方法使固体的塑料变软，然后再把变软了的塑料放在模具中，让它冷却后又重新凝固成一定形状的固体。塑料的这种性质也有一定的缺陷，即遇热时容易软化变形，有的塑料甚至用温度较高的水烫一下就会变形，所以塑料制品一般不宜接触开水。

2. 塑料具有弹性

某些塑料可以像合成纤维一样具有一定的弹性，当它受到外力拉伸时，卷曲的分子就由于柔韧性而被拉直，但一旦拉力取消后，它又会恢复原来的卷曲状态。

3. 塑料具有较高的强度

塑料虽然不如金属那样坚硬，但与玻璃、陶瓷、木材等相比，还是具有比较高的强度及耐磨性，因此塑料可以制成机器上坚固的齿轮和轴承。

4. 塑料具有耐腐蚀性

塑料既不像金属那样在潮湿的空气中会生锈，也不像木材那样在潮湿的环境中会腐烂或被微生物侵蚀，另外塑料耐酸碱的腐蚀，因此塑料常常被用作化工厂的输水和输液管道，建筑物的门窗等。

5. 塑料具有绝缘性

塑料的分子链是原子以共价键结合起来的，分子既不能电离，也不能在结构中传递电子，所以塑料具有绝缘性。塑料可用来制造电线的包皮、电插座、电器的外壳等。

二、塑料的分类

世界上投入生产的塑料多达三百余种，而塑料的分类方法常用的有以下两种：

（一）根据塑料受热后的性质不同分为热塑性塑料和热固性塑料

热塑性塑料分子结构都是线型结构，在受热时发生软化或熔化，可塑制成一定的形状，冷却后又变硬。受热到一定程度又重新软化，冷却后又变硬，这种过程能够反复进行多次。如聚氯乙烯、聚乙烯、聚苯乙烯等。

热固性塑料的分子结构是体型结构，在受热时也发生软化，可以塑制成一定的形状，但受热到一定的程度或加入少量固化剂后，就硬化定型，再加热也不会变软和改变形状了。热固性塑料加工成型后，受热不再软化，因此不能回收再用，如酚醛塑料、氨基塑料、环氧树脂等都属于此类塑料。

（二）根据塑料的用途不同分为通用塑料和工程塑料

通用塑料是指产量大、价格低、应用范围广的塑料，主要包括聚烯烃、聚氯乙烯、聚苯乙烯、酚醛塑料和氨基塑料五大品种。人们日常生活中使用的许多制品都是由这些通用塑料制成。

工程塑料是可作为工程结构材料和代替金属制造机器零部件等的塑料。例如聚酰胺、聚碳酸酯、聚甲醛、ABS树脂、聚四氟乙烯、聚酯、聚砜、聚酰亚胺等。工程塑料具有密度小、化学稳定性高、机械性能良好、电绝缘性优越、加工成型容易等特点，广泛应用于汽车、电器、化工、机械、仪器、仪表等工业,也应用于宇宙航行、火箭、导弹等方面。

> **想一想**
> 通用塑料与工程塑料主要区别在哪里?

三、塑料制品的鉴别

(一)塑料制品的鉴别方法

1. 塑料的外观鉴别

通过观察塑料的外观,可初步鉴别出塑料制品所属大类是热塑性塑料,热固性塑料或弹性体。一般热塑性塑料有结晶和无定形两类。其中结晶性塑料外观呈半透明,乳浊状或不透明,只有在薄膜状态呈透明状,硬度从柔软到角质,而无定形一般为无色,在不加添加剂时为全透明,硬度要硬于角质橡胶。热固性塑料通常含有填充物和不透明料,如不含填料时为透明。弹性体具有橡胶状手感,有一定的拉伸率。

2. 塑料的加热鉴别

热固性塑料或弹性体的加热特征也是各不相同,因此通过加热的方法可以鉴别。热塑性塑料加热时软化,易熔融,且熔融时变得透明,常能从熔体拉出丝来,通常易于热合。热固性塑料加热至材料化学分解前,保持其原有硬度不软化,尺寸较稳定,至分解温度炭化。弹性体加热时,直到化学分解温度前,不发生流动,至分解温度材料分解炭化。

(二)生活中如何辨别塑料制品的质量

1. 视觉

透明度好又无杂质的产品质量较好(多为原颗粒料生产),如保鲜袋、口杯、饭盒、保鲜盒类商品;透明度不高或看上去杂质很多的商品质量稍差一些(多为原粉料生产),如整理箱、盆、衣架、凳子类商品。不透明的商品多为商品差一些的商品(多为回料生产,但回料又会分很多种,如生产商修边所产生的回料,经销商残次退回厂家的商品),如垃圾桶和垃圾桶内胆、垃圾袋类的商品。

2. 嗅觉

闻上去味道很淡,只是有淡淡的塑料味道,多为质量好一些的商品;闻上去塑料味道很浓,多为质量稍微差一些的商品;闻上去塑料味道很重有一种刺鼻的味道,多为质量差的商品。

3. 触觉

触摸商品的边缘,没什么刺手的感觉,边缘比较干净的多为模具比较好、飞边修得也比较好;摸上去很刺手,边缘很毛糙的多为模具很差。

> **想一想**
> 可以通过哪些方法对塑料质量进行鉴别?

任务二 玩具和箱包

概要描述

本任务主要阐述玩具和箱包制品的概念、分类和检验方法。

任务分析

玩具和箱包是人类日常生活中必不可少的工具,通过学习玩具和箱包的种类构成能更好地了解不同种类玩具和箱包的应用领域和使用方法。

任务处理

一、玩具

(一) 玩具的概念

玩具是做游戏时使用的物品或器械,它的使用者不局限于儿童,同时也适合青年和中老年人,玩具具有娱乐性、教育性、安全性三个基本特征。

(二) 玩具的分类

玩具的品种繁多,按不同的分类方法,有不同的分类。

按玩具使用的原料和工艺,可以分为:金属玩具,塑料玩具,木、竹玩具,布绒玩具,纸玩具和民间玩具。

按玩具的状态,可以分为弹力玩具、惯性玩具、发条玩具、电动玩具、音乐玩具、电子玩具、机器玩具等。

按玩具的适用年龄,可以分为乳儿玩具、婴儿玩具、幼儿玩具等。

按玩具的使用功能,可以分为体育玩具、智力玩具、科教玩具、军事玩具、装饰玩具等。

(三)玩具的质量检验标准

进入21世纪以来,玩具行业得到了长足的发展,玩具的种类、形态、功能越来越多,由此带来的玩具质量问题逐渐得到社会公众的关注。按照国家相关规定,童车、电玩具、塑胶玩具、金属玩具、弹射玩具、娃娃玩具六大类玩具产品被列入强制性产品认证(3C认证)目录,没有获得指定机构的3C认证证书、没有按规定加贴3C认证标识,不得出厂销售和在经营服务场所使用。

二、箱包

(一)箱包的概念

箱包是对用来装东西的各种包包的统称,包括一般的购物袋、手提包、手拿包、钱包、背包、单肩包、挎包、腰包和多种拉杆箱等。

(二)箱包的分类

根据2002年开始实行的最新《国民经济行业分类》国家标准(GB/T 4754 - 2002),我国的国民经济行业分类中,箱包业主要是指以皮革为材料的箱包生产企业,分为两类,分别是"皮箱制造业"(行业分类代码为C1924)及"皮包制造业"(行业分类代码为C1925)。因此,箱包主要指旅行箱包和各种背提包六大类:公文箱(QB/T 1332 - 91);背提包(QB/T 1333 - 2004);家用衣箱(QB/T 1585 - 92);皮票夹(QB/T 1619 - 2006);旅行箱包(QB/T 2155 - 2004);公事包(QB/T 2277 - 96)。

图9-1 公文箱

图9-2 背提包

图9-3 皮票夹

图9-4 旅行箱包

图9-5 公事包

任务三　日化类商品

本任务主要阐述日化类商品的概念、种类和检验方法。

日化类用品种类繁多，性能各异，用途广泛，是人们生活中不可缺少的商品。本任务主要介绍肥皂、合成洗涤剂、牙膏、化妆品的概念、种类和质量检验方法等内容。

一、肥皂

（一）肥皂的概念

肥皂是油脂与碱经皂化作用制成的高级脂肪酸盐，并辅以各种辅助原料制作而成的产品。

（二）肥皂的种类

$$
\text{肥皂}\begin{cases}
\text{碱金属皂}\begin{cases}
\text{硬皂（钠皂）}\begin{cases}
\text{洗衣皂}\begin{cases}\text{普通洗衣皂}\\\text{皂片}\\\text{皂粉}\\\text{海水皂}\end{cases}\\
\text{化妆皂}\begin{cases}\text{香皂}\\\text{透明皂}\end{cases}\\
\text{药用皂}\\
\text{工业皂}\begin{cases}\text{纺织工业用皂}\\\text{金属工业用皂}\end{cases}
\end{cases}\\
\text{软皂（钾皂）}\begin{cases}\text{普通软皂}\\\text{液体皂}\end{cases}
\end{cases}\\
\text{金属皂}
\end{cases}
$$

图 9-6　肥皂的种类

(三)肥皂质量检验

肥皂的质量检验有感官质量检验和理化质量检验两种。

1. 感官质量检验

从外观上看,洗衣皂应硬度适中、不发黏、不分离、不开裂;香皂应干硬,细腻均匀,无裂纹、气泡、斑点、剥离、冒汗等现象。从色泽上看,洗衣皂颜色均匀洁净;香皂色泽均匀而相对稳定。从形状上看,洗衣皂形状端正、收缩均匀,不得有歪斜、变形、缺边、缺角等现象;香皂可以有各种形状,同样不得有歪斜、缺裂或字迹模糊等现象。从气味上讲,洗衣皂无不良气味;而香皂应具有各种天然或合成香料配成一定类型的持久香味。

2. 理化质量检验

肥皂的理化质量检验主要从总脂肪酸含量、游离碱的比率、脂肪酸凝固点、开裂级数等方面检验,不同品种的肥皂在这些指标上有不同的要求。

二、合成洗涤剂

(一)合成洗涤剂的概念

合成洗涤剂是由表面活性剂(如烷基苯磺酸钠、脂肪醇硫酸钠)和各种助剂(如三聚磷酸钠)、辅助剂配制而成的一种洗涤用品。

(二)合成洗涤剂的分类

1. 按产品的外观形态分类

按产品外观形态分为固体、液体洗涤剂。固体洗涤剂产量最大,习惯上称为洗衣粉,包括细粉状、颗粒状和空心颗粒状等,也有制成块状的;液体洗涤剂近年发展较快。还有介于二者之间的膏状洗涤剂,也称洗衣膏。

2. 按产品用途分类

按产品用途分为民用和工业用洗涤剂。民用洗涤剂是指家庭日常生活中所用的洗涤剂,如洗涤衣物、盥洗人体及厨房用的洗涤剂等;工业用洗涤剂则主要是指工业生产中所用的洗涤剂,如纺织工业用洗涤剂和机械工业用的清洗剂等。

(三)合成洗涤剂的质量要求

1. 感官指标

(1) 色泽和气味。

合成洗衣粉的色泽应为白色,不得混有深黄色或黑粉(若是添加了色料的洗衣粉色泽应均匀一致)。合成洗衣粉的气味要求正常、无异味。

(2) 颗粒度和表观密度。

颗粒度是指洗衣粉的颗粒大小和均匀度。表观密度是指单位体积内洗衣粉的重量，以克/毫升表示，它是反映洗衣颗粒度和含水量的综合指标。空心粉状洗衣粉的表观密度在0.42克/毫升至0.75克/毫升左右。

（3）流动性和吸潮结块性。

流动性较好的洗衣粉，为包装工艺和使用都带来了方便；而吸潮结块性的洗衣粉则相反，并易造成变质失效。

（4）稳定性。

洗衣粉在储存过程中，有无因受潮而出现的泛红、变臭现象，在很大程度上反映了洗衣粉的组成和内在质量问题。

2. 理化指标

洗衣粉国家推荐性标准为GB/T13171.1－2009《洗衣粉（含磷型）》、GB/T13171.2－2009《洗衣粉（无磷型）》，标准中规定的物理化学指标和使用性能指标项目主要为表观密度、总活性物、总五氧化二磷、游离碱、pH、规定污布的去污力。

表9-1 洗衣粉理化指标

项 目	含磷洗衣粉（HL）			无磷洗衣粉（WL）		
	普通型 HL－A型	浓缩型 HL－B		普通型 WL－A型	浓缩型 WL－B	
		I	II		I	II
表观密度/g/cm³ ≥	0.3	0.6		0.3	0.6	
总活性物质量分数/% ≥	10	10	20	13	13	20
其中：非离子表面活性剂质量分数/% ≥	/	6.5	/	/	8.5	/
总五氧化二磷（P_2O_5）质量分数/%	≥8.0	≥8.0		≤1.1	≤1.1	
游离碱（以NaOH计）质量分数/% ≤	8	10.5		10.5	10.5	
pH（0.1%溶液，25℃） ≤	10.5	11		11	11	
规定污布的去污力[a][b] ≥	标准洗衣粉去污力（P≥1.0）					

a 规定污布为：JB－01、JB－02、JB－03
b 试验溶液浓度：标准粉为0.2%，HL－A试样为0.20%，HL－B试样为0.10%。

3. 包装质量要求

合成洗涤剂可采用塑料袋或硬纸盒包装，要求封口牢固整齐，印刷图册、文字清晰美观，不能褪色或脱色。

小包装箱，不得松动或鼓盖，必须放平码齐。

小包装箱上应有下列标志：产品名称、类别型号、商标图案、厂名厂址、性能及保管说明。

大包装上应有下列标志：产品名称及牌号、净重及内装小包装袋数、厂名厂址、装箱日期、箱体体积，以及"防止受潮""轻放轻装"等标志。

（四）合成洗涤剂的质量检验

合成洗涤剂的质量检验主要有感官质量检验和理化质量检验两方面：

1. 感官质量检验

优质的洗涤剂应色泽均匀，无异味，受一般外界因素影响应无变质情况；液态洗涤剂则要考虑其透明度、稠度、保存性等；固体洗衣粉颗粒的直径应在 0.5～0.8 毫米，颗粒均匀，视比重在 0.28～0.36 毫升，流动性好，没有发酵结块、受潮结块现象。

2. 理化质量检验

表面活性剂的含量用百分比表示，其含量高低涉及洗涤剂类型和去污力大小；皂化物含量越小越好；pH 值丝毛型应呈中性，棉麻型则呈碱性，但小于或等于 10.5；去污力、生物降解率越大越好；对人体无害，对皮肤刺激性小等。

三、牙膏

（一）牙膏的概念

美国牙科协会给牙膏的定义为：牙膏是和牙刷一起用于清洁牙齿表面的物质。中国牙膏工业协会的定义为：牙膏是和牙刷一起用于清洁牙齿，保护口腔卫生，对人体安全的一种日用必需品。

（二）牙膏的功能分类

1. 含氟牙膏

它是将适量氟化物加入牙膏内，具有预防龋齿功能的一种牙膏。大量研究证明，氟可以提高牙齿的抗腐蚀能力、抑制致龋细菌的生长繁殖。正常口腔环境中也有一定量的氟存在，但其浓度不足以引起以上变化。含氟牙膏的使用是在安全范围内增加口腔局部的氟，在牙齿表面形成强有力的保护层，从而减少龋齿的发生。

> **提 醒**
>
> 由于儿童存在吞咽牙膏的情况，3 岁以下的儿童应避免使用含氟牙膏；4～6 岁儿童应在大人指导下使用，每次刷牙使用量应为黄豆粒大小。

2. 去垢增白牙膏

这类牙膏中含有过氧化物或羟磷灰石等药物，采用摩擦和化学漂白的原理去除牙齿表面的着色，起到洁白牙齿的作用。

3. 中草药牙膏

中草药牙膏是在普通牙膏的基础上添加了某些中草药，具有清热解毒、消炎止血作用的药物，对缓解牙龈的炎症有一定辅助作用。

4. 消炎牙膏

在普通牙膏的基础上加入某些抗菌药物以消炎抗菌、抑制牙结石和菌斑的形成，起到改善口腔环境、预防和辅助治疗牙龈出血、牙周病的作用。

5. 防过敏牙膏

这种牙膏里含有硝酸钾或氯化锶等脱敏成分，对牙本质过敏有一定的缓解作用。

6. 生物酶牙膏

生物酶牙膏含有类似于人体唾液酶相似的"生物溶菌酶"，这种酶在唾液中能发挥巨大活性，从而使杀菌能力大大增强，起到改善口腔环境的作用，是生物工程在牙膏领域的一项创新。

（三）牙膏的质量要求与鉴定

1. 感官要求

主要有色泽一致；膏体湿润、均匀、细腻；香味应"香、甜、清、爽"，口感好；香表示香味纯正，甜指果味香精口味，清是清凉，指添加了薄荷香精的清凉感，爽指香精无杂味、爽口。

2. 理化指标

理化指标主要有：稠度、挤膏压、泡沫量、pH 值、稳定性等。

3. 卫生指标

卫生指标包括细菌总数、大肠菌群、绿脓杆菌、金黄色葡萄球菌、重金属铅的含量、砷的含量。

4. 质量感官鉴定

牙膏的内在质量感官鉴定时，可先打开帽盖，嗅一下膏体香味是否符合其规定香型，有无不适气味。接着挤出膏体看看是否细腻，有无凝结、黑点、杂质等，有的则不合格。并且挤压牙膏管壁不费力。现今假货很多，达到了以假乱真的程度，如果按上述要求辨别还不放心，则可向货主索要具有全国权威性的专业牙膏质检机构的质量报告单。

四、化妆品

化妆品是指以涂搽、喷洒、揉擦等不同方式，散布于人体皮肤、毛发、指甲、口唇、口腔黏膜等，以达到清洁、消除不良气味、护肤、美容和修饰目的的日用化学工业产品。

（一）化妆品的分类

1. 按使用部位和目的划分

按使用部位和目的划分，可以分为护肤化妆品、毛发化妆品、口腔卫生用品、美容化妆品。

2. 按化妆品的物理性状划分

按化妆品的物理性状可分为膏霜类，有雪花膏、香脂、润肤霜、防晒霜、洗发膏等；粉质类，有香粉、爽身粉、香粉饼、胭脂等；液体状类，有香水、花露水、冷烫水、生发水等；胶状类，有指甲油、清洁面膜等；笔状类，有眉笔、唇线笔等。

3. 按化妆品的用途划分

按化妆的用途可分为护肤类，有保护皮肤类的雪花膏、香脂、奶液、防冻霜等；营养类，有人参霜、珍珠霜等；药疗类，有粉刺霜、祛斑霜等；发用类，有保护头发类的发乳、护发素等；清洁卫生类，有洗发类的洗发膏、洗发精等；洗面类的清洁霜、清洁洗面奶等；卫生类有香水、爽身粉等；美容类，有美容皮肤类的修面整容水、香粉等；美化指甲类，有指甲油、去光水等。另外还有儿童用、男士用等类化妆品。

（二）化妆品的质量检验

1. 外观检验

化妆品的包装应整洁、美观、封口严密，没有泄漏；商标、装饰图案、文字说明等应清晰、美观、色泽典雅、配色协调；使用说明书中应写明商标、品名、生产许可证编号、产品用途、生产日期、保质期、厂家厂地、容量或重量、香型、主要原料、使用方法、使用注意事项及安全警告、产品储存条件及方法等。

2. 色泽检验

色泽上，无色固状、粉状、膏状、乳状化妆品应洁白有光泽，液状应清澈透明，有色化妆品应色泽均匀一致，无杂色。

3. 组织状态检验

组织状态上，固状化妆品应软硬适宜，粉状应粉质细腻，膏状、乳状应稠度适当、质地细腻，液状应清澈、均匀、无颗粒杂质。检验化妆品方法是用力摇，摇完之后看泡泡。泡泡很少，说明营养成分少；泡泡多但是大，说明含有水杨酸，水杨酸洁肤的效果较好，但刺激性大易过敏；泡泡很多很细，而且很快就消失了，说明含酒精，不要长期的使用，容易伤害皮肤的保护膜；泡泡细腻丰富，有厚厚的一层，而且经久不消，那就是好的化妆水。

4. 气味检验

气味上，化妆品必须具有芬芳的香气，香味可根据不同的化妆品选用不同的香型，但必须持久，没有强烈的刺激性。

项目小结

本项目主要阐述了塑料的分类、塑料制品的质量要求和鉴别方法等,并介绍了玩具箱包、日化类商品的概念、组成、分类及质量检验方法等内容。

典型实训

检验学校附近超市售卖的玩具是否符合国家的规定。

项目十　纺织品类商品

【项目介绍】

本项目介绍了纺织品的基本概念、基本特性，纺织品类的分类与质量鉴定；补充了必要的相关知识和背景资料，并为读者提供了可以借鉴的实际案例。

【学习目标】

能力目标：结合实例能够判断纺织品的种类；掌握纺织品类的质量鉴定方法。

知识目标：掌握纺织品类的质量检验与鉴定方法。

社会目标：能够正确理解并将所学理论知识运用到社会生产与实践中去，从而达到对纺织品类商品识别与鉴定的效果。

【案例导入】

德国的一些服装商店，不久前推出一种"形象设计服务"。店里专门聘请形象设计专家为每一位前来的顾客设计形象。专家根据顾客的身材、气质、经济条件等情况，出主意，做参谋，指导顾客该买什么服装，配什么领带或饰物；头发做成什么式样与服装、身材最相称；足蹬什么颜色和款式的鞋才能相得益彰等，从而使服装及其各种配套物品最能体现顾客的长处，达到风度可人的理想境界。这项服务推出后，立即受到广泛欢迎，一时间，顾客如云，而且都是整套购买，商店收入顿时大增。

【案例解析】

　　随着经济的不断发展，各企业之间的竞争激烈，人们对产品的要求越来越高。只有能抓住消费者的心理，提高产品的让渡价值，才能真正抓住顾客。一个完整的产品应该包括产品核心（即商品的使用价值）、产品形体（即商品实体）、产品附加利益（即产品的附加价值和附加服务）三个部分组成。而在激烈的竞争下，除了最根本的使用价值，消费者更追求其附加价值，希望买到的产品独一无二，而案例中的服装商店正是抓住了顾客的这种心理，他们卖的不光是服装本身，也不是致力于服装独特的款式、花色等，他们的亮点正是在于为顾客提供独特的服务，那就是形象设计，这是普通的服装生产厂家所没有的，也正是他们的核心竞争力。这种经营方式不光使顾客购买服装时更加方便、愉快、成功，而且能够吸引到一大批不擅长设计自己形象的消费者的光顾，大大增大了企业收益！

任务一　纺织品类商品的特性

本任务主要阐述了纺织品类商品的特性等相关知识。

纺织品是纺织纤维经过加工织造而成的一种产品。根据其性能等不同可以分为不同的类型和品种。

一、纺织品的基本概念

纺织品是纺织纤维经过加工织造而成的一种产品。狭义上说，纺织品就是指梭织布和针织布两大系列。广义上说，纺织品是指凡是用各种纤维原料经过纺织而成的产品，包括：

（1）纱、线、天然丝、人造丝、化纤长短丝、弹力丝、金属丝等纺织原材料。

（2）针织布、梭织布、无纺布、天然裘皮面料、塑胶布、工业用布（用于工业领域的纺织品，如篷盖布、枪炮衣、过滤布、筛网、路基布等）、农业、医用纺织品等。

（3）服装、服装饰品、家用纺织品、装饰布艺制品、手套、帽子、袜子、箱包、毯子等制成品。

（4）其他纺织品：布艺玩具、灯饰、工艺品、塑胶制品；手工钩编物、缂丝、腰带、绳子、带子、缝纫线、绣花线等使用纱线的制品。

二、纺织品的质量要求

纺织品的质量要求可以概括为服用性好、艺术性高、工艺性精、耐用性强。

三、纺织品商品的构成成分——纺织纤维

纺织纤维分为天然纤维和化学纤维。

（一）天然纤维

天然纤维又分为植物纤维和动物纤维。植物纤维包括棉、麻；动物纤维包括毛、丝。

（二）化学纤维

化学纤维又分人造纤维和合成纤维。人造纤维是指粘胶；合成纤维包括涤、锦、腈。

任务二 纺织品类商品的分类与质量鉴别

概要描述

本任务主要阐述了纺织品类商品的分类及其质量鉴别方法。

任务分析

纺织品是纺织纤维经过加工织造而成的一种产品。根据其性能等不同可以分为不同的类型和品种；根据产品生产与加工过程的不同要求，应当正确地选择生产原材料。

任务处理

一、纺织品类商品的分类

（一）根据丝织品种的组织结构、采用原料、加工工艺、质地、外观形态和主要用途分十四大类

十四大类分别是纱、罗、绫、绢、纺、绡、绉、锦、缎、绨、葛、呢、绒、绸等。

纱：全部或部分采用由经纱纽绞形成均匀分布孔眼的纱组织丝织物，也称素纱。

罗：全部或部分采用由经丝互相绞缠后呈现椒孔的罗组织丝织物。有直罗、横罗、花罗、素罗之分。

绫：采用斜纹组织或斜纹变化组织，织物表面具有斜向织纹的丝织物，质地轻薄。早期织物表面呈叠山形斜纹，"望之如冰凌之理"，故称绫。

绢：采用平纹组织，质地细腻、平整、挺括的天然丝织物。

纺：采用平纹组织，经纬线无捻或弱捻，质地轻薄、柔软的丝织物。

锦：采用重组织，用多色丝线织成的绚丽多彩的色织提花丝织物。锦是负有盛名的提花绸，古有"织采为文，其价如金"之说。有蜀锦、宋锦、云锦之分。

缎：采用缎纹组织或缎纹变化组织，外观平滑、光亮、细密的丝织物。

绨：采用平纹组织，应用长丝作经，棉或其他纱线作纬，质地粗厚、织纹清晰的丝织物。有素线绨、花线绨之分。

葛：采用平纹组织、斜纹组织及其变化组织，经曲纬疏，经细纬粗，织物表面呈现横向梭纹，质地厚实的丝织物。

呢：采用各种组织，应用较粗的经纬丝线，质地丰厚，有毛感的丝织物。

绒：全部或部分采用起绒组织，表面呈现绒毛或绒圈的丝织物。

绸：采用平纹组织或变化组织，经纬交错紧密的丝织物。绸是丝织品的总称。其特征为：绸面挺括细密，手感滑爽。无其他明显特征的丝织品都可称为绸。

绡：采用平纹或假纱组织，质地轻薄，呈现透孔的丝织物。

绉：采用平纹组织或其他组织，应用经纬加强捻等工艺，织物呈现皱纹效应的丝织品。其特征为：绸面具顺逆双向皱纹，光泽柔和，手感富有弹性，抗绉效能好。

（二）按纺织品的用途可分为衣着用纺织品、装饰用纺织品、工业用纺织品三类

衣着用纺织品包括制作服装的各种纺织面料以及缝纫线、松紧带、领衬等。

装饰用纺织品分为室内用品、床上用品和户外用品。室内用品包括家布和餐厅浴室用品，如地毯、沙发套、椅子、壁毯、贴布、像罩、纺品、窗帘、毛巾、茶巾、台布、手帕等。床上用品包括床罩、床单、被面、被套、毛毯、毛巾被、枕芯、被芯、枕套等。户外用品包括人造草坪等。

工业用纺织品使用范围广，品种很多，常见的有篷盖布、枪炮衣、过滤布、筛网、路基布等。

（三）按生产方式不同分为线类、带类、绳类、机织物、纺织布等六类

线类：纺织纤维经纺纱加工而成纱，两根以上的纱捻而成线。

带类：绞幅和管状织物，称为带类。

绳类：多股线捻和而成大绳。

机织物：采用经纬相交织造的织物称为机织物。

针织物：由纱线成圈相互串套而成的织物和直接成型的衣着用品，为针织物。

无纺布：不经传统纺织工艺，而由纤维辅网加工处理而成的薄片纺织，称为无纺织布。

织物的缩水率：是指织物在洗涤或浸水后，织物收缩的百分数，一般来说，缩水率最大的织物是合成纤维及其混纺织品，其次是毛织品，麻织品，棉织品居中，缩水较大。

二、纺织品类商品的质量鉴别

纺织品类商品的质量鉴别有燃烧法、显微镜观察法、手感目测法、化学试剂试验法等四种方法。本书重点介绍燃烧法和显微镜观察法。

（一）燃烧法

将织物放在明火上烧，观察其纤维受热后变形情况，火焰状况，燃烧的难易速度，散发出的气味和颜色，燃烧后的灰烬和剩余物的形状、硬度等进行鉴定。

1. 简易燃烧法

棉：遇火即燃，速度快，火焰呈黄色，稍有灰白烟和燃纸的气味，烧焦灰烬细软，呈深灰色。

麻纤维：与棉相似，但灰烬呈灰白色。

羊毛：不延燃，遇火先卷缩，燃烧后纤维起泡，火焰为橘黄色，有烧蛋白质的味道，燃烧速度较棉快，灰烬多，呈不成型黑褐色形状，用手一压即碎，成散粉末。

蚕丝：燃烧形状与毛纤维相似，先卷成一团，燃烧速度较羊毛快，蛋白质的味道，但气味要比羊毛小。烧后呈褐色小球状物。

粘胶纤维：与棉相似，燃烧速度比棉快，黄色火焰，烧纸气味，灰烬呈灰或浅灰色。

涤纶：燃烧时滴下熔融物，火焰呈蓝色。顶端有黑烟，略代芳香气味，灰烬呈硬块，手指一压即碎。

锦纶：不易燃烧，见火先卷缩，熔融物为透明胶状，趁热可拉出丝，有芹菜的味道。灰烬不易碎。

2. 燃烧着色法

把不同的纤维种类，分别通过接近火焰、火焰中、离开火焰的方式，对燃烧气味、残渣形态、湿态显色等进行鉴别。

Tencel 纤维：不熔、不收缩，迅速燃烧；继续燃烧，烧纸味，灰黑色的灰，黑蓝青色。

Modal 纤维：不熔、不收缩，迅速燃烧；继续燃烧，烧纸味，灰黑色的灰，蓝灰。

大豆蛋白纤维：收缩、燃烧不熔融，有黑烟、不易延烧，烧毛发味，松脆黑灰，褐色。

竹纤维：不熔、不收缩，迅速燃烧；继续燃烧，烧纸味，灰黑色的灰，蓝灰。

甲壳素纤维：不熔、不收缩，迅速燃烧；继续燃烧，烧纸味，灰黑色的灰，黑色。

（二）显微镜观察法

把不同的纤维种类，放到显微镜下通过观察其纵向形态和截面形态来鉴别。

Tencel 纤维：光滑、较规则圆形或椭圆形，有皮芯层。

Modal 纤维：纵向有 1~2 根沟槽，不规则类似腰圆形，较圆滑，有皮芯。

大豆蛋白纤维：表面有不规则沟槽和海岛状凹凸，呈扁平状哑铃型和腰圆形。

竹纤维：表面有沟槽，锯齿型，有皮芯层。

粘胶基甲壳素纤维：表面有明显沟槽，边缘锯齿型，芯层有明显的细小空隙。

项目小结

本项目主要介绍了纺织品的基本概念、基本特性、质量要求及原材料的种类,同时阐述了纺织品类的分类与质量鉴定。

观察自己的服装都是由哪些材质制作的,根据不同的面料进行分类,并进行质量鉴别。

参考文献

[1] 李庆伟.商品学概论［M］.北京：西北工业大学出版社，2011.
[2] 赵苏.商品学［M］.北京：清华大学出版社，2012.
[3] 张智清.商品知识［M］.北京：高等教育出版社，2002.
[4] 蒋有光.外贸商品学［M］.合肥：合肥工业大学出版社，2010.4
[5] 皇甫艳东，钟祥荣.商品学［M］.长沙：湖南师范大学出版社，2013.1
[6] 李国冰.外贸商品概论［M］.重庆：重庆大学出版社，2011.7
[7] 刘增田.商品学［M］.2版.北京：北京大学出版社，2010.8